SUDAMERICANA
JOVEN
ENSAYO

La gran inmigración

Dirección Editorial
Canela
(Gigliola Zecchin de Duhalde)

Diseño: Helena Homs

Asesor histórico: Félix Luna

Primera edición: abril de 1991
Séptima edición: agosto de 2000

Impreso en la Argentina
Queda hecho el depósito
que previene la ley 11.723

Humberto I 531, Buenos Aires

ISBN 950-07-0671-7

EMA WOLF
TEXTO

CRISTINA PATRIARCA
INVESTIGACION

La gran inmigración

Ilustraciones
DANIEL RABANAL

Nuestro agradecimiento a:

La profesora Estela Turcato de Souza, quien ha colaborado en la investigación.
Mary y Silvio Bernhardt, Marcelo Borges, Saad Chedid, Naief Antonio Exeni, María Marta Hall, Jorge Manzur, Marcelo Martínez, Nicolás Sarquis, Ana María Shua, María Elena Walsh y Manrique Zago, por los valiosos datos aportados.

Palabras preliminares

Esta colección responde a una perspectiva historiográfica relativamente novedosa: la que se inspira en la vida cotidiana para reconstruir la compleja trama del pasado.

Relativamente nueva, decimos, porque aunque siempre se entendió que una reconstrucción histórica basada solamente en los grandes procesos o en los personajes protagónicos no agotaba los emprendimientos historiográficos con pretensiones de globalidad, en realidad corresponde a las últimas décadas el reconocimiento de la validez y dignidad de este punto de vista. En nuestro país, al menos, la premisa de que "todo es historia" hizo posible, desde hace más de veinte años, la aparición de muchos y buenos materiales que han contribuido a hacer más comprensible el tiempo pretérito.

Si pensamos que la historia es, básicamente, una historia de la vida humana, no se pueden desdeñar temas que tienen que ver con los hombres: con sus modos de relación y de trabajo, con sus costumbres públicas e íntimas, sus creencias proclamadas o inconscientes, sus prejuicios, sus formas de vida, de alimentación, de indumentaria, todo aquello, en fin, que modela y da matices y perfiles propios a las generaciones, distinguiéndolas de las que vivieron en otras etapas, anteriores o posteriores. El más importante objetivo del historiador es entender y hacer entender. Y es imposible tener éxito en esto si no se asume de algún modo el contexto vital que describe.

Hacer historia requiere, entre otras cosas, un esfuerzo de imaginación, porque inconscientemente tendemos a identificar nuestra propia circunstancia con las de los tiempos pasados. Cuesta bastante insertar un personaje o un proceso en la atmósfera, el paisaje, el tono vital y el medio tecnológico de la época en que vivió ese personaje o se desarrolló aquel proceso. Entonces, los pequeños temas de la vida cotidiana son insuperables agentes provocadores de la imaginación y ayudan a reconstruir circunstancias históricas, entendiéndolas mejor.

Los volúmenes de esta serie, pues, son auténticos libros de historia. Pero historia de la gente común en sus vicisitudes cotidianas: hombres y mujeres que en su anónima humildad elaboraron día a día la compleja urdimbre del país que tenemos. Que estas realizaciones sirvan para entender mejor nuestras propias raíces y, consecuentemente, a quererlas más y serles más fieles.

Félix Luna

"¡Yo nací en Dniepropetrovsk!
No me importan los desaires
con que me trata la suerte.
¡Argentino hasta la muerte,
yo nací en Dniepropetrovsk!"

César Tiempo

1

Cruzando el charco

Desde antes de 1810 esta orilla del río de la Plata fue una región atractiva para los europeos. Descontando la amenaza de los piratas, qué mejor lugar para vivir que esta costa chata y barrosa, donde una vez superado el peligro de las jaurías de perros cimarrones no había más que indios querandíes boleando avestruces y cristianos. Una colonia, en fin, donde los españoles se sentían en tierra propia, aunque bastante amenazados ya por las ideas independentistas, la debilidad de la propia corona y la codicia de otras potencias del Viejo Mundo.

De un censo de 1805 resulta que en Buenos Aires vivían 469 extranjeros; los más eran portugueses (265), italianos (92), franceses (54), norteamericanos (26) e ingleses. Entre los italianos había un comerciante ligur, Domenico Belgrano, que llegó a ser regidor del Cabildo y alférez de la ciudad, rango que le permitió cierta holgura económica como para enviar a su hijo Manuel a estudiar leyes a España.

De a poco se fueron instalando en la aldea y el campo de los alrededores, sin internarse país adentro porque las distancias, la soledad y el indio achicaban el corazón de los más corajudos. Eran por lo general comerciantes, artesanos —algún espía, otro contrabandista— y entendidos en servicios varios, como enseñar música y francés a las señoritas de la sociedad porteña.

Por el momento se los conoce como "extranjeros", no "inmigrantes"; vienen solos o con sus familias, pero no es el hambre lo que los corre de su patria sino la aventura o la búsqueda de una posición mejor dentro de la sencillez que ofrece este suelo.

A partir de 1830 ya empieza a llegar una pequeña inmigración de estatus modesto, compuesta de gallegos y vascos que escapan a los malos tiempos de España y a las guerras carlistas; también llegan del sur de Francia, el Piamonte y las islas Canarias. Algunos eran emigrados políticos, como los italianos garibaldinos que venían de pelear por la república y escapaban a los gobiernos absolutistas. Todavía ambulaban por Buenos Aires rezagos de soldados alemanes enganchados por uno y otro bando para pelear en Ituzaingó. Uno de ellos, Adolfo Bullrich, sería el patriarca de una de las conocidas familias argentinas.

Casi en su totalidad recalaban en la aldea, que los recibía con los brazos abiertos, sin ningún tipo de discriminación. Todavía eran pocos. Las fricciones llegarían después, cuando el extranjero duplicó al nativo y Buenos Aires se convirtió en un rompecabezas de razas.

Pero durante las cuatro primeras décadas del siglo pasado, el problema no eran cuántos venían de afuera sino cuántos faltaban adentro, según razonaban los hombres políticos.

Porque a los inmigrantes los llamaron.

Debe entenderse como un fenómeno a dos puntas. Si su tierra los expulsó, el Nuevo Mundo los convocó masivamente con promesas de bienestar, señuelos de fortuna. Como quien dice, se mataron dos pájaros de un tiro. Si por un lado su venida solucionó en parte el drama de una Europa superpoblada y pobre, por otro —se pensaba— ellos acabarían con el problema de un continente inmenso y desierto.

El llamado definitivo de la gran inmigración lo haría la

Constitución de 1853 convocando "a todos los hombres del mundo que quieran habitar el suelo argentino". Los principios liberales que le dieron origen fueron los mismos que acuñaron la idea del gran movimiento inmigratorio.

¿Cuáles fueron esos principios?

Se pensó que la falta de población era la fuente de todos nuestros males. ¿Qué nación podía crecer y modernizarse sin brazos laboriosos entendiendo que el indio y el gaucho, representantes de fuerzas bárbaras, quedaban descalificados? Domingo Faustino Sarmiento y Juan Bautista Alberdi lideraban este pensamiento.

Sarmiento, desde su exilio, clamaba por llenar nuestros desiertos. En 1845, en el *Facundo*, expresó su preocupación por los grupos nativos, a la vez que exaltaba la inmigración como factor de progreso. Decía: "¿Hemos de abandonar este suelo de los más privilegiados de América a las devastaciones de la barbarie, mantener cien ríos navegables abandonados a las aves acuáticas...? ¿Hemos de cerrar voluntariamente la puerta a la inmigración europea que llama con golpes repetidos para poblar nuestros

El artículo 25

Entre las condiciones que creó el Gobierno de la Confederación para atraer inmigrantes, figuran la extensión de la red de caminos y postas, la abolición del pasaporte y el encargo de efectuar la descripción geográfica y estadística del país.

Pero el artículo 25 de la Constitución de 1853 expresa este llamado con fuerza de ley: "El Gobierno Federal fomentará la inmigración europea; y no podrá restringir, limitar ni gravar con impuesto alguno la entrada en el territorio argentino de los extranjeros que traigan por objeto labrar la tierra, mejorar las industrias e introducir y enseñar las ciencias y las artes".

desiertos, y hacernos, a la sombra de nuestro pabellón, pueblo innumerable como las arenas del mar? ¿Hay en la América muchos pueblos que estén, como el argentino, llamados por lo pronto a recibir la población europea que desborda como el líquido del vaso? ¿No queréis, en fin, que vayamos a invocar la ciencia y la industria en nuestro auxilio, a llamarlas con todas nuestras fuerzas para que vengan a sentarse en medio de nosotros...? ¡Oh! Este porvenir no se renuncia así nomás".

La consigna para los dirigentes del futuro quedó sintetizada en una frase de Alberdi: "gobernar es poblar". En su libro *Bases* reforzó la hipótesis de que el aporte inmigratorio traería aparejado el desarrollo cultural. Entonces se entendía por "cultura" la generada en las grandes capitales de Europa; lejos se estaba del moderno sentido antropológico, capaz de registrar y valorar los hábitos de vida del nativo.

El consenso de la clase dirigente respecto de estas ideas fue muy generalizado. Se esperaba que el inmigrante fuera punta de lanza en la modernización del país, y todo esto debía producirse en el marco de un estado liberal que evitaría controlar la entrada de capitales extranjeros, complementándola con la llegada de mano de obra. Brazos que trazaran surcos para la agricultura y picos y palas para tender vías de ferrocarriles.

Si las guerras civiles diezmaban la población, y por otra parte el gaucho era, dada su condición arisca y ociosa, un subproducto de la tierra, ¿qué mejor entonces que cambiar el tipo humano, mejorando la sangre del país, destiñendo la piel del color indio y llenando las pampas de gente civilizada? Años más tarde, el general Bartolomé Mitre llegó a traer soldados italianos para combatir a los indios, convencido de que eran más valientes y eficaces que los gauchos enganchados en los fortines. José Hernández, a través del *Martín Fierro*, dará —como veremos luego— su propia versión del asunto.

Alberdi demandaba trabajadores especializados, preferentemente de origen anglosajón. Sarmiento imaginaba una sociedad de pequeños propietarios chacareros aglutinados en torno a un municipio, que pudieran convertirse en ciudadanos argentinos gracias a una educación pareja para todos. Los colonos se instalarían en los campos prolijamente "desindiados" a medida que se conquistara el desierto y serían la alternativa ante los grandes latifundistas ganaderos que preferían criar vacas a cultivar trigo porque demandaba menos mano de obra y esfuerzo.

Así fue como las puertas empezaron a abrirse para lo que después fue torrente.

Toda América recibió inmigrantes a lo largo del siglo pasado. En mayor número, los Estados Unidos. Pero ninguno recibió tantos como la Argentina en relación a su población local. Ninguno vio sus ciudades y sus campos tan profundamente trastornados y moldeados por hombres de otras culturas, al punto que hoy no hay aspecto de la vida argentina que pueda desvincularse de este hecho. La manera de hablar, de amar, de trabar amistad; la comida, la música, la política, la educación de los hijos, el deporte, los gestos, los juegos, la religión, están teñidos con su presencia.

Es difícil ponerle fecha precisa a este fenómeno. Digamos que en sus manifestaciones convencionales —con llamada de colonos— la gran inmigración abarca casi toda la segunda mitad del siglo pasado hasta la primera década de éste —luego rebrota con las dos Guerras Mundiales, aunque ya se trata de inmigrantes sueltos. Pero el período torrencial de llegada continua de barcos que descargan cientos de personas en los muelles de Buenos Aires y el litoral se centra entre 1860 y 1890. Años de asombro, encontronazos, confusión y esperanzas en suspenso.

¿De dónde venían?

El contingente mayor lo formaron españoles e italianos embarcados en Génova, Nápoles, Vigo, La Coruña y los puertos canarios. En cantidades menores, llegaron los demás. Gran Bretaña aportó su cuota de ingleses, irlandeses y galeses perfectamente diferenciados y hasta disgustados entre sí, que embarcaban en Liverpool. Provincianos franceses se descolgaron desde El Havre o Burdeos; los alemanes, desde Hamburgo y Leipzig. Los suizos treparon a un vapor en la costa francesa de Dunquerque. Los judíos, que venían de Rusia, embarcaron en el puerto alemán de Bremen. Los árabes oriundos de Siria, Palestina, Líbano, Jordania, Turquía y Anatolia, en los puertos de Medio Oriente.

Con suerte, en un mes y medio llegaban. Eso considerando un pasaje sencillo, punto a punto, sin escalas largas, digamos Génova-Buenos Aires. Los que arrancaban desde el interior de las estepas para llegar a lo profundo de las pampas podían tardar tres meses.

Un pasaje de tercera clase en un barco de inmigrantes equivalía a un *tour* por los suburbios del infierno con comida incluida y con opción a todas las incomodidades, desventuras y pestes que el siglo ofrecía.

Débiles abstenerse

●●●●● *Pese a la amplitud con que se encaró, la inmigración tuvo su costado selectivo. No sólo en cuanto a distinguir la presencia de ciertos grupos sobre otros, sino también en lo referente a la condición física de sus integrantes. Se necesitaba gente fuerte y apta, capaz de procrear y trabajar. En uno de los convenios de transporte marítimo firmado por los suizos se lee la siguiente cláusula: "Jamás se aceptarán para su transporte: imbéciles, lunáticos, locos, o de cualquier manera, débiles mentales; tuertos, ciegos, sordos o mudos, achacosos paralíticos, lisiados o, en algún modo, tullidos; personas de más de 60 años, así como niños menores de 13 años, si no están bajo la protección de sus parientes; personas totalmente desprovistas de medios que, a su arribo a América, carezcan de lo indispensable para trasladarse al interior del país".* ●●●●●

Los primeros barcos eran de vela, goletas y bergantines. Por el confort más parecían buques negreros, aunque por las expectativas que alentaba el pasaje se asemejaban a los barcos del descubrimiento. "¡Tierra!", gritaban —de verdad— al avistar la costa del Brasil, como habrá gritado el vigía de Magallanes.

Los buques de vapor sólo se incorporaron hacia el final del siglo, pero eso no mejoró gran cosa las condiciones de los viajes. Sólo los hizo más cortos y no resolvió el problema peor, que era el del hacinamiento. El motivo era sencillo: como en los viejos veleros, las compañías embarcaban la mayor cantidad de gente para engrosar sus ganancias.

Pero además algunos de esos barcos eran de carga, y el espacio de entrecubierta —donde se alojaban los pasajeros— se pagaba al propietario por pie cuadrado —medida equivalente a 776 cm^2— para transporte de mercaderías. Como los fletadores trataban de aprovecharlo lo mejor posible, el espacio asignado a la carga humana se achicaba intolerablemente. En ese espacio dormían juntas de cien a doscientas personas, sobre camas formadas por una bolsa de paja y una manta de lana. Las camas estaban dispuestas en dos pisos y tanto se había ahorrado en las maderas de sostén que los que dormían abajo rozaban con la nariz el jergón de arriba. En el diario de viaje de Federico Bion, inmigrante suizo, se lee:

"Nuestro entrepuente se asemeja más a un establo para vacunos que a una vivienda, y nadie permanece sino el tiempo indispensable en ese agujero oscuro sin ventilación al que lleva una sola entrada, como no sea para cambiarse de ropa, y de noche para proporcionar un poco de reposo a los miembros cansados, atormentados, porque no hay lugar para ello en cubierta. Aquí falta todo. No hay lugar ni para estar de pie, ni para sentarse ni para acostarse... En pocas palabras: la carga humana se trata, ni más ni menos, que como una mercadería a la que debe prestársele estrictamente la atención suficiente para asegurarle lo indispensable para subsistir. Con los pasajeros de camarote la situación cambia y son tratados en forma muy diferente... Pasajero de camarote hay uno solo".

En ese aspecto los moribundos y las parturientas podían considerarse afortunados. Ante tales emergencias, y si el primer oficial estaba de buen talante, podía gestionarse un camarote desocupado para que unos se despidiesen de la vida y otros la inaugurasen.

En medio de la mugre y el hacinamiento, no pocos se enfermaban o veían agravarse los males que arrastraban de tierra. En algunos barcos no había médico. Al llegar al puerto de Buenos Aires se examinaba a los pasajeros previendo que podían traer viruela, tuberculosis o lepra, los flagelos comunes de la época; en esos casos se les negaba el permiso de entrada y se los fletaba otra vez al puerto de origen.

Muchos de esos hombres y mujeres, campesinos de tierra adentro, jamás habían visto el mar. Sus ojos acostumbrados al pequeño río de la aldea miraban alucinados la enorme extensión de agua, travesía hacia su nueva, incierta vida.

Del mismo diario de viaje de Federico Bion extraemos la síntesis del reglamento del buque al que debían ajustarse los pasajeros. Por lo que se desprende de los artículos, no era turismo lo que hacían:

- "Las camas serán adjudicadas en la oficina de los señores... y nadie puede apropiarse, por determinación propia, de su lugar de descanso.
- Si se quieren intercambiar camas, debe darse cuenta a la oficina.
- Los baúles grandes y los cajones van en la bodega, lo mismo que las papas, las galletas marinas y el vino.
- Anclado el barco, no se permite bajar a la bodega. La misma será abierta en alta mar para que cada pasajero busque lo que necesite.
- Cada uno debe rotular y cerrar bien su equipaje, porque el

capitán no es responsable por el mismo; dinero y joyas están más seguras en poder del capitán. Las armas deben serle entregadas sin excepción.

• La más estricta higiene debe observarse tanto en el puerto como durante el viaje, en el entrepuente, para evitar enfermedades. Cada uno debe conservar limpio el armazón de su cama y el espacio a su alrededor. El agua potable sólo puede ser utilizada para cocinar y beber, estando prohibido usarla para lavar y limpiar.

• Clavos, ganchos, etc., no pueden ser clavados en el barco.

• Mientras el barco esté en el puerto queda terminantemente prohibido fumar, hacer fuego o prender luces. En alta mar puede fumarse sobre cubierta pero sólo con pipas cerradas.

• Deben evitarse peleas y pendencias, tanto entre los pasajeros como con la tripulación. El que tenga quejas debe dirigirse, sin más, al capitán, cuya decisión es inapelable, como todas sus disposiciones y órdenes. También al contramaestre se le debe obediencia.

• Está rigurosamente prohibido suministrar vino y otras bebidas a la tripulación; quien lo haga está expuesto a que sus bebidas le sean confiscadas hasta llegar a América.

Todas estas prescripciones son tomadas exclusivamente para el bien e interés de los pasajeros, para su seguridad, comodidad (sic) y salud. Espera pues, con toda razón, el capitán, que no llegará el caso de tener que ser severo y espera de la inteligencia y del amor al orden de los pasajeros que se cumplirá en todos sus términos este Reglamento, en especial su artículo 12 (el referido a la bebida), porque su violación puede traer las peores consecuencias."

Por cierto, a los viajeros no les quedaba sino comportarse como niños dóciles.

Durante los primeros quince días el mareo los tenía atornillados en el colchón, o bien echados sobre la borda arrojando al agua el contenido de sus estómagos y tratando de que la buena brisa del océano aventara el desconsuelo y el color verdoso de sus caras. La prueba de fuego era el cruce del Canal de la Mancha o la salida del Estrecho de Gibraltar; quien lograra pasar de pie y con los dientes apretados los primeros bandazos de la mar verdadera se consideraba a salvo de mareos posteriores. A menos, claro, que un tormentón lo pusiera de rodillas.

Roberto Payró, en su libro *Violines y toneles*, describe en carta a José León Pagano una tempestad vivida a bordo del **Pelagus** junto a cuatrocientos cincuenta "pobres diablos como yo, con pasaje de tercera".

"El barco amenazaba a cada instante hundirse en el mar para no reaparecer. Las olas rompían sobre el puente con verdadero furor, cataratas intermitentes y repentinas que se precipitaban con el estruendo de un estampido, arrebatando cuanto había sobre cubierta. Era casi imposible mantenerse allí, pero abajo, con los ojos de buey cerrados y los ventiladores insuficientes, la permanencia era una tortura intolerable. Por eso, desdeñosos del baño continuo y del peligro inminente muchos pasajeros preferimos quedarnos arriba, nerviosamente asidos de los cabos, de los pasamanos, de todo cuanto presentara un firme punto de apoyo... Pero la situación fue haciéndose insostenible... Quedábamos los más fuertes, los que odiábamos el encerramiento, cuando el comandante ordenó:

"—¡Todo el mundo abajo! —al ver que una nueva partida de inmigrantes subía a respirar.

"Varios marineros nos arriaron como ovejas hacia las escotillas, obligándonos a bajar, pese a nuestras protestas, y cerraron herméticamente para que nos fuera imposible volver a cubierta.

"¡Qué te diré!... Imagínate cuatrocientas cincuenta personas vivas amontonadas y clavadas en un solo ataúd con que se entretuviera una turba de sacrílegos gigantes jugando a la pelota o al fútbol. ¡No te sonrías!, la comparación será extravagante, pero la situación era terrible... Las mujeres rezaban aterradas, los niños lloraban... De repente nos sentimos levantados en el aire con buque y todo, a una inconcebible altura, y volvimos a caer, con la respiración detenida, a una profundidad que nos pareció inmensa. Y a aquel salto mortal sucedieron otros desordenados movimientos, rolidos tan grandes que el vapor se tumbaba, ora a un costado, ora a otro...

"—*Le bateau coule!* —gritó un francés.

"—*Goddam* —imprecó un inglés.

"—*Madonna mía!* —suplicó una italiana.

"En la desesperación del encierro muchos se lanzaron a golpes furiosos contra las escotillas tratando de derribarlas para ganar otra vez el aire puro. Pero las órdenes eran inflexibles: recién pasado el peligro las puertas volvían a abrirse para mostrar a un mar más tranquilo las heridas y magulladuras de tantas rodadas y forcejeos."

Payró remata así su odisea a bordo:

"Y ahora que te escribo estas líneas que quizás no aciertes a descifrar, llega a mis oídos el resuello de satisfacción de los magníficos pura-sangre que vienen a bordo. Hace un rato me asomé a mirarlos. Gordos, relucientes, con la mirada viva y las narices abiertas al aire de mar, nada han sufrido con tantos trajines. Cada uno lleva un ayuda de cámara a su lado. También es cierto que su pasaje cuesta mucho más que el nuestro, y que el dinero hace desaparecer todas las jerarquías, aun entre las especies zoológicas."

La monotonía y el aburrimiento de esas largas jornadas hacían que algunos se interesaran por las tareas de a bordo. Los más jóvenes terminaban el viaje conociendo rudimentos de marinería y participando en la maniobra sencilla, con los oídos llenos de historias de navegantes. Por lo demás, tras un último vistazo a las Canarias, todo era mar y cielo como lo fue para los antiguos conquistadores. La travesía, un paréntesis entre una vida de trabajo rudo y otra más exigente aún que les esperaba al llegar a tierra.

El ocio se matizaba con canciones del terruño, escuchando a los tocadores de gaita o acordeón, tejiendo, rezando, fumando, jugando a los naipes, leyendo folletos sobre emigración y tratando de aprender el español.

Buenos consejos

●●●●● *Del* ***Manual del emigrante italiano****, traducido por Diego Armus, extractamos una serie de recomendaciones que ilustran sobre las características del viaje que debían realizar, ya en este siglo:*

"No tenga en cuenta los lavados (de ropa) que pudiera hacer a bordo y tenga en mente que cuando el barco para en Canarias o Cabo Verde para cargar carbón, la nave y los pasajeros se cubren de polvillo que ensucia las ropas y obliga a cambiarlas.
"En las horas previas al embarque no le aconsejo quedarse encerrado y asustado en el hotel. Pero le recomiendo no comportarse como un visitante arrastrando bolsos y llamando la atención de los ***cavalieri d'industria*** *que abundan especialmente en las ciudades marítimas. Sea cauto, evite caer en brazos de algún tramposo, pero no deje de dar una vuelta por la ciudad.*
"Si usted es jefe de familia provéase de jabón de lavar para llevar a bordo, así como la mayor cantidad de galletas para sus niños pequeños.
"No compre licores ni bebidas; sí en cambio limones, que le serán útiles en caso de que algún miembro de su familia no tolere el viaje por mar (a bordo los limones son caros).
"Si usted embarca en aquellos modernos vapores destinados al transporte de emigrantes que disponen de espacio en cubierta, le será útil llevar sillas portátiles. De este modo no se verán obligados ni usted ni los suyos a sentarse en el suelo, que no siempre se conserva limpio y
●●●●● *seco."*

Privados del placer de remolonear en la cama, se levantaban al alba. Tras enjuagarse las lagañas con agua de mar, comenzaba la espera del desayuno que se servía a las 8. Por suerte, las comidas cortaban la jornada sin fin. Un desayuno tipo consistía en sopa de batatas, un día mezclada con arvejas y el otro con arroz. El almuerzo del mediodía era sopa de papas o batatas hervidas con carne salada o tocino. A las cinco se servía la cena: sopa de papas con arroz y porotos. En la variedad de féculas estaba el gusto.

Con semejante plan de comidas, iguales entre sí como las cuentas de un rosario, había que durar entre cuarenta y cuarenta y cinco días. El estómago emitía sus quejas. Los platos estaban cocidos en manteca rancia y repugnaban a tal punto que a la larga muchos preferían pasar hambre. Los espíritus previsores llevaban consigo fruta seca, embutidos y dignos quesos de aldea, avena para el puré de los niños, vino, ron y algunas manzanas que, bien embaladas, podían resistir hasta Montevideo. El mar a veces brindaba, como irónico consuelo, un pez volador que, por error de trayectoria, caía sobre cubierta proporcionando carne fresca para la merienda.

Ya en la década del '60 los barcos llevaron sistemas para destilar agua de mar y convertirla en potable, de modo que, aunque no tuviera buen sabor, tampoco había peligro de escasez. Sin embargo, vemos que era un elemento precioso que no se desperdiciaba así nomás; menos en superficiales cuestiones de higiene.

Además de las cucarachas —pasajeras infatigables de todo barco que se precie— la suciedad se completaba en este caso con chinches y piojos de cabeza. El amontonamiento y la falta de aire del entrepuente alentaban la multiplicación de toda clase de insectos que se alojaban en los colchones. Una escena común era ver a las madres sobre cubierta en las tardes cálidas de los trópicos despoblando con paciencia tierna las cabezas de sus hijos. Pero el que había traído los piojos desde tierra no era igual al que, a su pesar, los había contraído a bordo. Aunque todos fuesen pobres como lauchas, la limpieza personal marcaba ciertas diferencias. Había otras.

En el barco estaban obligados a convivir militantes autodidactos y labriegos analfabetos; familias de protestantes severos que educaban a su prole en el temor a Dios, y muchachones inescrupulosos, rudos, poco sociables, que se lanzaban a una aventura solitaria. No eran raras las discusiones.

Los jefes de familia protegían a sus hijas adolescentes de las miradas codiciosas de los hombres solos, en abstinencia sexual forzada. Las señoras casadas recelaban de las mujeres que reían fuerte y viajaban sin compañía. Los hijos legítimos se diferenciaban de los que no tenían padre a la vista. No era lo mismo un relojero que un albañil, un repostero que un peón de molino. No eran iguales los que dejaban allá un pedazo de tierra, un hueco, un algo adonde podían volver, que los que no tenían nada, ni siquiera oficio, y entonces estaban obligados a "hacer la América" o a subsistir al menos, porque nada justificaba un pasaje de vuelta.

Pero los verdaderos parias eran los inmigrantes semiclandestinos, los que embarcaban ilegalmente sin conocimiento del capitán. Si había uno solo, el resto de los pasajeros amparaba su presencia; pero si había más, veían amenazadas sus pobres raciones de comida, y tarde o temprano se negaban a compartirla con los intrusos. Entonces llevaban las quejas al capitán. Cuando se comprobaba que los pobres diablos no tenían contrato de viaje ni pasaportes en regla, se los destinaba al oficio de marineros para que pagaran en parte su pasaje. Y como entre la marinería no se los consideraba del gremio, cumplían las tareas más ingratas.

Lentamente transcurrían los días a bordo, entre la nostalgia de la tierra y la pena por los seres queridos a los que quizá nunca volverían a ver. Algunos hombres dejaban mujer e hijos con la promesa de juntar pronto el dinero para mandarlos a buscar. ¿Pero cuál era el sitio mejor para intentarlo? ¿En la colonia, donde trabajando duro se podía llegar a ser dueño de la tierra? ¿O en la ciudad, donde un hombre habilidoso sale adelante más fácilmente? Estas discusiones ocupaban buena parte de la jornada. La inquietud quedaba asentada en diarios de viaje o en anticipadas cartas a la familia.

La otra gran incógnita era si podrían mantener en la nueva tierra su idioma, religión y costumbres, tal como pregonaban los promotores de la inmigración. Este no era tanto el caso de italianos o españoles, pero sí el de los galeses, judíos, árabes o alemanes del Volga.

Una de las razones que estimularon la salida fue la hostilidad que padecieron algunos grupos bajo la forma de discriminación racial, persecución religiosa, intolerancia y autoritarismo por parte de las declinantes monarquías europeas. Las confrontaciones entre los diferentes pueblos —tomada la palabra en el sentido de naciones que habitaban un mismo imperio— fueron muy frecuentes. No hay que olvidar que Europa vivió migraciones internas a lo largo de los siglos.

Otra de las razones fue la guerra. Los sucesivos pleitos entre países y las luchas civiles diezmaban los pueblos y sus economías. Los reclutamientos se llevaban a los hombres más jóvenes y aptos. Entre los alemanes que habitaban la Rusia imperial del zar Alejandro II se impuso el servicio militar obligatorio, que generalmente se cumplía en la lejana Siberia por el término de cinco, seis y hasta ocho años. Los muchachos que se iban no volvían a la colonia porque en ese lapso se habían casado en el lugar del servicio militar.

Otros fueron persuadidos de emigrar por razones políticas. Fue el caso de los fogosos anarquistas, o los que salieron de España cuando la caída de la Primera República y la restauración de los Borbones en 1874. Se diferenciaban muy bien los luchadores políticos, sin embargo, de aquellos que también tenían cuentas pendientes con la justicia aunque por razones menos nobles.

Pero la gran causa de la diáspora fue sin duda el hambre y su secuela de males.

Asociada con ella estaba el crecimiento demográfico. Mientras la parcela de tierra de labranza tenía siempre el mismo tamaño, la familia aumentaba; los hijos crecían y se casaban. Entonces las posibilidades eran dos: o fragmentar la tierra, con lo que las sucesivas familias se iban empobreciendo; o hacer que heredara todo el hijo mayor —el típico mayorazgo español—, de modo que los otros quedaban en la calle.

Cartas de recién venidos

••••• *De Girolamo Bonesso, en colonia Esperanza (1888):*

"Aquí, del más rico al más pobre, todos viven de carne, pan y minestra todos los días, y los días de fiesta todos beben alegremente y hasta el más pobre tiene cincuenta liras en el bolsillo. Nadie se descubre delante de los ricos y se puede hablar con cualquiera. Son muy afables y respetuosos, y tienen mejor corazón que ciertos canallas de Italia. A mi parecer, es bueno emigrar."

De Vittorio Petrei, en Jesús María (1878):

"Nosotros estamos seguros de ganar dinero y no hay que tener miedo a dejar la polenta, que aquí se come buena carne, buen pan y buenas palomas. Los señorones de allá decían que en América se encuentran bestias feroces; las bestias están en Italia y son esos señores."

De Luigi Basso, en Rosario (1878):

"He pensado en marcharme a Montevideo, y si no hay trabajo me voy al Brasil, que allí hay más trabajo y al menos tienen buena moneda, y no como aquí, en la Argentina, que el billete siempre pierde más del veinte (por ciento) y no
••••• *se ve ni oro ni plata."*

Las regiones montañosas de Italia, debido al tipo de explotación agrícola que realizaban, los dejaba sin actividad durante el invierno; de ahí que presentaran un clásico modelo de emigración temporaria estacional. Sus habitantes se dirigían a las ciudades para completar sus ingresos en tareas artesanales; pero también veían disminuidas sus posibilidades de absorción laboral, especialmente en los lugares donde no existía un proceso de industrialización. De este modo pasaron a la migración definitiva, fuera del país.

Pero todo eso iba a cambiar en la América soñada. Los nuevos países nacían a la luz de instituciones más justas, liberales y progresistas. La cosa era llegar. ¿Y cómo era *llegar*...?

A los miles de hombres y mujeres que arribaban cada año a Buenos Aires no les resultaba fácil observar la ciudad desde el barco, dada su falta de relieve. Abandonar el buque, que quedaba fondeado lejos del puerto, era un problema arduo, según testimonia don Francisco Grandmontagne, un español que llegó en 1883: "Pasajeros y emigrantes descendimos a unos lanchones o gabarrones planos, chatos, sin quilla; y remolcados por diversos vaporcitos arribamos a través de un légamo licuefacto, a una larga empalizada que se llamaba muelle de las Catalinas. Había otro embrionario y tosco maderamen, de fundación más antigua, denominado muelle de la Aduana Vieja". Se refiere a la Aduana construida por Taylor en 1857.

Los recuerdos de otros inmigrantes aluden también a un último trasbordo, desde lanchones a carros tirados por caballos con los que alcanzaban los muelles.

Tras un breve trámite, pisaban libremente suelo argentino para recalar de inmediato en el Hotel de Inmigrantes. Algunos traían rumbos y datos precisos: la dirección de un pariente o *paesano* del pueblo que le había ofrecido casa y trabajo. Es de imaginar el ansia con que buscarían el rostro conocido y la decepción cuando no lo encontraban porque eso significaba abrirse camino solo, sin ayuda.

Los que quedaron en la ciudad buscaron pronto el calor y la

compañía de sus compatriotas, por puro instinto de conservación. Así, los italianos se agolparon en la Boca, los españoles en Concepción y Montserrat y los judíos en el Once, aunque no llegaron a constituir verdaderos *ghettos* porque la tendencia era hacia la integración o, cuanto menos, la mezcolanza. El conventillo marcó el tono de la convivencia urbana.

El impacto primero, el de la mismísima llegada, el desembarco en medio de la multitud abigarrada que cargaba bultos y gritaba en todos los idiomas, el placer de descubrir al amigo, la tristeza de despedirse del "hermano de barco" o la de romper el noviazgo nacido a bordo, dejó huellas imborrables en todos ellos. La impresión de ese día sería trasmitida a hijos y nietos, para perdurar en ellos con lujo de detalles.

Enrique Dickmann lo cuenta así: "...Y con tal estado de ánimo el *Pampa* entró en el ancho estuario del río de la Plata; y a las pocas horas pisé la hospitalaria y bendita tierra argentina donde, como el caballero Lohengrin, nadie me preguntó de dónde venía ni quién era. Bastaba la condición humana para ser acogido con cordial y generosa hospitalidad".

Para otros Buenos Aires fue sólo el comienzo de otro viaje hacia las colonias del interior; el tránsito a la tierra prometida. Desde la ventana del Hotel de Inmigrantes miraron la masa oscura y viscosa del río, la costa cubierta de guijarros ennegrecidos, las palmeras escuálidas y los bultos de ropa que apilaban las lavanderas en la orilla. No se quedarían mucho. Mientras esperaban, escribieron a sus parientes de Europa cosas así: "Envíenme unos cencerros para las vacas, que me recuerden el tañido de las campanas de los rebaños natales. Abrazos. Hasta siempre".

2

Buenos Aires, esa romería

"Conversan dos inmigrantes españoles:

—¿Cómo se llama tu hijo?
—Ramón.
—¿Y cuándo nació?
—El domingo de Ramos.
—Ah, claro, ¡el santo del día!"

Reproducimos este diálogo, tomado de una revista de fin de siglo, por su innegable valor histórico. Ilustra el período paleolítico de los chistes de gallegos.

Los españoles gozaron de antigua familiaridad. Se los consideró como de la casa. Eran los menos extranjeros de los extranjeros. Estaban pegados a la historia del país. Cuando comenzaron a llegar en masa resultó que, para todos, ya estaban de antes. La atracción fue mutua.

A pesar de las dificultades de todo inmigrante para adaptarse a su nuevo país y del cosmopolitismo de Buenos Aires finisecular, los españoles recién venidos se "hacían" argentinos en poco tiempo debido al idioma y a las tradiciones comunes, al hecho de conocer muchos de ellos oficios urbanos y a la enorme cantidad de compatriotas que circulaban por las calles facilitando la integración.

Venir a la Argentina era más usual para un español que ir a cualquier otra región de Europa. "En Galicia —contaba un inmigrante— se sabía más de este país que del resto de España. Para mí la Argentina es como mi tierra, ... es mi tierra también."

No era raro que un labrador de La Coruña dijera a su hijo mozo: "Anda, vete a la Argentina que por lo menos allá hay comida, y aquí no hay". Como los demás, venían en busca de refuerzos vitamínicos. Las tierras estaban subdivididas o agotadas y rendían escasamente. Industrias no había. La vida se desarrollaba en las zonas de cultivo alrededor de los pequeños pueblos, y más allá se extendían los campos de pastura y los bosques.

Eran comunidades de existencia austera y trabajo duro; las mujeres y los chicos zapaban a la par de los hombres, y los dueños de las fincas a la par de los peones. En los inviernos crudos se procesaba lo cosechado en verano: conserva de tomates, aceite de oliva y la exquisita sidra. Cada siembra, cosecha o esquila remataba en una fiesta religiosa con rezos y bailes, pero donde también abundaban las peleas a navajazos entre rivales de un pueblo y otro.

La vaca era un artículo de lujo. Allá no había pampas donde podían pastar sin rozarse infinitas cabezas de ganado. Los animales dormían bajo techo, como las personas. Literalmente los guardaban debajo de la cama, ya que muchas viviendas tenían dos plantas: la de arriba para los cristianos, y la de abajo para vacas, chivos y aves de corral. Según cuentan los abuelos, se cuidaba más a la vaca que a la mujer. Si parían la mujer y la vaca al mismo tiempo, los hombres atendían primero a la vaca. Y no por desamor, sino por simple espíritu práctico: una era capaz de alimentar a más gente que la otra.

Sin duda, al sexo femenino no se lo tenía por débil en esas

aldeas. Bastaba verlas trabajar en el campo. A fin de siglo, cuando la cantidad de mujeres que emigraban era pequeña, las españolitas viajaban solas en los barcos. En los pueblos de Asturias y Galicia las fletaban de diez y doce años con poco dinero y muchos consejos, junto con otra familia a cargo. Acá las esperaban una tía política, una medio hermana o semiprima que les daba albergue en su casa con ganas y humor variables.

Bárcena, pueblito de Santander

•••••• *Baldomero Fernández Moreno, en un fragmento de* ***La patria desconocida****, describe la aldea de donde vino su padre:*

"Desperdigábanse las casas a lo largo de la carretera y se escondían en los campos o en los montes. Castaños y nogales bordeaban los caminos. Abundaban los robles, las encinas, los pinos, las hayas y los madroños.

Un río recogíase en una presa, daba vida a un molino harinero y escapaba por ahí, sombreado de chopos y de alinos. Contaba el pueblo con varias fuentes; la más poética era la del Espino, entre peñascos y rodeada de un agudo garabato de zarzas. A orillas del mar dormían algunas lanchas, acostadas en la arena, descoloridas y tristes. A un lado de la carretera, en un campizal raído por las abarcas, se organizaba el baile de los domingos; el ***a lo alto y a lo bajo****, acompañado de panderetas. En el ferial, ruido de tabernas, se jugaba al pasabolo, el violento ejercicio montañés, o al emboque, juego también de bolos pero más de personas graves.*

En este pueblo nació mi padre. Trabajó en América, hizo fortuna, y a él volvió casado y con dos hijos argentinos, yo el mayor. Un día del año 1892 era recibido a su entrada con alegre estrépito de cohetes, mientras que un coro de ceñidos danzantes tejía alrededor del nuevo indiano y los suyos, levantando el polvo, los típicos bailes del país." ••••••

¿Qué regiones de España constituyeron las principales zonas de expulsión?

En el período que nos ocupa, más de la mitad provino de Galicia (La Coruña, Orense, Pontevedra y Lugo) y de la vecina Asturias. El resto llegó de León (Zamora y Salamanca), Canarias, Andalucía (Granada, Málaga, Almería) y Cataluña (Barcelona), que era además el paso de salida de Aragón y los Países Vascos.

Los españoles formaron la segunda corriente inmigratoria en importancia numérica del país, después de los italianos. Hacia 1860 casi quince mil de ellos vivían en esta Gran Aldea que todavía no contaba con ciento ochenta mil habitantes. El censo de 1887 reveló que sumaban cuarenta mil y el de 1895 mostró que la cifra se había duplicado en sólo ocho años. A comienzos de siglo eran más de cien mil y representaban el veinte por ciento de la población de la Capital. En 1910, año del Centenario, se produjo el pico máximo de llegada, actuando como factor de expulsión el evadir el servicio militar frente a la guerra con Marruecos. En esta fecha, ciento setenta y cinco mil residentes hispanos evidencian el vigor numérico de la colectividad. La guerra civil de 1936 trajo a los últimos grupos.

Pero vayamos a 1880, cuando comenzó la gran oleada peninsular.

La goleta *Consuelo* cruza el charco con un contingente importante. El presidente Roca recibe a su comandante y elogia a la colectividad. Entre ellos vienen algunos matrimonios jóvenes que al día siguiente de la boda recibieron la bendición de sus padres y un boleto de ida solamente. Conseguir un boleto era muy fácil porque abundaban las empresas de navegación y por ciento cincuenta pesetas se adquiría uno de tercera. Además, pese a que en España estaba prohibido el fomento de la emigración, rondaban los reclutadores clandestinos calentando con promesas los oídos.

Los que llegan no traen más que brazos fuertes hechos al trabajo. Buena parte son agricultores pero no tendrán acceso a la tierra. No vienen bajo el amparo de una empresa colonizadora a ocupar terrenos que les están destinados. Se quedarán en la ciudad ensayando oficios varios.

Con el tiempo llegarán a tener peluquerías, agencias de lotería —juego que los entusiasma aquí tanto como en España—, talleres que quizás se conviertan en industrias, y comercios de lo más variados. Otros serán empleados de hotel, mozos de restaurantes, mucamas o ayudantes de sastres. Los más afortunados llegan a instalar tiendas "europeas" que hacen añorar a Lucio Vicente López —el autor de *La gran aldea*— las del Buenos Aires antiguo. Dice: "Las tiendas europeas de hoy, híbridas y raquíticas, sin carácter local, han desterrado la tienda porteña... de mostrador corrido y gato blanco formal sentado sobre él a guisa de esfinge... ¡Qué vendedores los de entonces! Cuán lejos están los tenderos franceses y españoles de hoy de tener la alcurnia y los méritos sociales de aquella juventud dorada, hija de la tierra, último vástago del aristocrático comercio al menudeo de la colonia". Las familias tradicionales acusan el impacto de la ciudad que cambia.

Los vascos son peones de saladero, ladrilleros o lecheros.

Veinte años después de la llegada de la *Consuelo*, el diario *La Prensa* señala que hay unos diez mil trabajadores "que pululan en la ribera a la pesca de un jornal y se compone en su totalidad de españoles e italianos".

Frente a la entrada de las barracas del puerto de la Boca, algunos centenares de peones se aglomeran esperando el toque de campana que indica que se va a tomar gente. Cada uno trata de impresionar con su vigor y corpulencia al encargado del reclutamiento.

"El capataz —dice la crónica—, lobo viejo en la tarea de elegir hombres fuertes y robustos, de aquellos que no desmayan durante las diez horas de trabajo, pasea una, dos, cinco, diez veces su mirada sobre el grupo y llama:

"—¡Che! ¡Ven, tú, gordo de la gorra de vasco!

"Y se adelanta un robusto bilbaíno, fuerte, sano, capaz de

comerse un buey, contento, ágil y decidor, porque para ese día tiene el pan asegurado."

Los vecinos ya se han habituado a comprarle la leche a un vasco que pasa todas las mañanas con su carro. Unos años atrás hacía ese mismo recorrido con la mismísima vaca atada de una soga, ordeñándola a la vista del cliente, con lo que no había dudas acerca de la pureza del producto. La modernidad introdujo el carro y los tarros de hojalata que perduraron hasta muy entrado este siglo; pero con el progreso, también apareció la leche aguada.

La preferencia de los inmigrantes por ciertos oficios llevó a la población a encasillarlos en una actividad específica. Entre los españoles, el vasco lechero era un símbolo y una institución. Muchos años después, empinados políticos y presidentes argentinos de apellido vasco —hubo unos cuántos— fueron caricaturizados como vendedores de leche; así como a Carlos Pellegrini, de origen italiano, lo dibujaron como vendedor ambulante de plumeros.

Fray Mocho, en *Salero criollo*, echa una mirada nostálgica sobre ese personaje: "...Ya se fue el marchante de los buenos tiempos viejos que los niños esperábamos ansiosos por la yapa de la leche, exigua y por ello sabrosa, y los más grandecitos y traviesos por el mancarrón cargado de tarros, sobre cuyas tapas envueltas en trapos se extendía el cuero de carnero que le servía de trono y sobre el cual, arrodillado y erguido el busto, marchaba a trote de lechero —como se decía— el viejo vasco cantor y alegre... Con él se ha ido una nota típica de Buenos Aires..., la boina terciada sobre la oreja, el chiripá de granos de oro cayendo apenas sobre la bota de becerro chueca y embarrada; el tirador... en que se hallaban botones desertores, cartas de mucamas aventureras..., horquillas para la novia preferida —la paisana— que le esperaba entre sus patos y gallinas allá por Morón y San Justo... El papelito en que se le encargaban manteca fresca y huevos caseros para la niña y también las milongas en vascuence entonadas al borde de un charco suburbano, y la original fonda de vascos, donde entre copa y copa de vino se comentaba a gritos toda la vida porteña mirada desde la cocina..."

En 1887 se crearon dos instituciones claves para la vida económica de la comunidad: la Cámara Española de Comercio y el Banco Español del Río de la Plata que, para el Centenario, era la entidad financiera privada más importante de América del Sur. Fundado por Augusto J. Coelho, fue sembrando sucursales en todo el país y ellas se ligan al nacimiento de decenas de pueblos del interior que brotaron al calor de la prosperidad agropecuaria. El banco se hizo grande no sólo porque entre la colectividad hispana había también empresarios acaudalados, sino gracias a los pesos que iban juntando los cocheros, mozos de labor, criados y almaceneros. Pues si algo marcó la vida de estos inmigrantes finiseculares, fue el ahorro. El peso era fuerte, la inflación desconocida. Se podía guardar. Para los hijos, se entiende.

En una ciudad a la que llega gente nueva todos los días, un inmigrante con un año de antigüedad es ya un veterano que da consejos a sus connacionales apenas desembarcados.

Uno de los consejos recibidos es cuidarse de los compadritos que portan cuchillo, y que, pasados de bebida, suelen armar grescas en las fondas y bares, muchas atendidas por españoles. El otro, igualmente sensato, es acercarse a una de las tantas asociaciones de ayuda.

Tratando de mantener los lazos afectivos que los unían a sus compatriotas y para vencer el sentimiento de desarraigo que sufrían al abandonar patria y familia, los españoles —y casi todos los demás grupos— fueron creando instituciones que nucleaban a miembros de una misma nación.

Este fue el origen de las asociaciones en toda América, cuyos objetivos principales eran prestar ayuda a sus afiliados, reagrupar los valores culturales y revivir en estas tierras las fiestas tradicionales.

La Asociación Española de Socorros Mutuos (1857), la Sociedad Española de Beneficencia (1852) y el Club Español (1866) constituyeron las tres entidades más antiguas y de mayor arraigo.

El Club Español reunió a lo más selecto de la colectividad. En 1911 inauguró su actual edificio en la calle Bernardo de Irigoyen 172. Orgullo de Buenos Aires por su magnífica arquitectura, cuenta con amplísimos salones, una biblioteca y una pinacoteca de gran valor.

Para los menos afortunados estaba la democrática Asociación Española de Socorros Mutuos, que fue la mayor organización de inmigrantes de Buenos Aires. Recibía apoyo financiero del Banco Español y estaba vinculada con las compañías de na-

Los inmigrantes prósperos

•••••• *Desde los tiempos en que el catalán Domingo Matheu, vocal de la Primera Junta, dirigió una fábrica de fusiles después de la Revolución de Mayo, muchos españoles se constituyeron en pioneros de la industria nacional.*
El ingeniero Toribio Aguirre, que llegó al país en 1852, fue el fundador de la primera fábrica de fósforos. En 1862 la familia Godet comenzó a producir sus célebres chocolates.
En la década del '70 otro inmigrante español fue el primero en industrializar el papel.
En los '80 el navarro Balbino Arizu se inició en la industria vitivinícola mendocina. En 1891 Vicente Casares creó la popular empresa de lácteos "La Martona", que años después comenzó a competir con "La Vascongada".
Entre fines y principios de siglo nacieron "La Cantábrica", primera fundición del país; y la fábrica de tejidos "Campomar", que abrigó con sus frazadas a varias generaciones de argentinos.
Españoles fueron los fundadores de las grandes tiendas al estilo de la "San Miguel", "La Favorita", "La Piedad" y "Los Gallegos" de Mar del Plata, auténticos ***shopping***
•••••• ***centers*** *de la época.*

vegación, lo que facilitaba a sus miembros pasajes de retorno a España. La revista *Caras y Caretas*, con su enflautado estilo periodístico, escribió: "La Asociación cumple de una manera amplia y altruista su filantrópico cometido, no limitándose a procurar a sus nacionales la salud del cuerpo, sino dándole una oportunidad de esparcir y oxigenar el espíritu y de conservar el culto a la tierra lejana organizando fiestas llamadas 'romerías' ".

Por su parte, la Sociedad Española de Beneficencia llevó a cabo la construcción del Hospital Español, inaugurado en 1901, que prestó y presta asistencia a los inmigrantes y sus descendientes hasta hoy.

En 1896 se creó la Asociación Patriótica Española. Organizó una bolsa de trabajo, se ocupó de repatriar a los que carecían de medios para hacerlo y colocó comisarios en los barcos para que controlaran las condiciones en que se hacían las travesías. Pero el motivo de su fundación fue la guerra entre España y Cuba.

A mediados de la década del '90 la nutrida colonia hispana se conmovió al saber que cobraba fuerza en Cuba la lucha por la independencia, debido a la acción de José Martí y los grupos de patriotas. La Asociación promovió colectas para ayudar a la nación en guerra y a los soldados que se batían lejos de la patria. Las opiniones, sin embargo, no eran unánimes. Dentro de la colectividad había quienes apoyaban la causa cubana. A los gritos de "¡Viva España!"y "¡Viva Martí!" se trenzaban los dos bandos en las veredas de la Avenida de Mayo, y en una oportunidad volaron como proyectiles las sillas y mesas del café Tortoni. Cuarenta años más tarde, cuando la Guerra Civil partió a España en dos, se enfrentaron en el mismo escenario franquistas y repulicanos. Nada de lo que sucedía allá resultaba indiferente a esta especie de sucursal de la península.

Al ser bombardeado en la bahía de La Habana el acorazado **Maine**, de la Marina de los Estados Unidos, esta potencia encontró un pretexto para intervenir en Cuba e iniciar acciones contra España que, debilitada, ya no pudo defenderse. Los españoles en la Argentina manifestaron su indignación en mítines callejeros agitando banderas amarillas y rojas. Con festivales y suscripciones, la Asociación Patriótica logró reunir fondos para adquirir un buque de guerra, el crucero **Río de la Plata**, que donó a la Armada de su país. Pero el enemigo ya era otro y muy dispares las fuerzas. España resignó su colonia, que no hizo sino cambiar de mano.

La fuerza y el impulso que estas asociaciones dieron a la colectividad fueron notables. No había un español a quien no alcanzara la mano protectora de alguna de ellas; especialmente cuando se multiplicaron y fragmentaron en otros centros más locales: el Asturiano, el Navarro, el Casal de Cataluña o el Laurak Bat, que reunió a los vascos. Para el inmigrante representaban respaldo, seguro de salud y hasta el crédito con que empezaban a construir la casita propia, tímido injerto edilicio, a veces entre los fondos del almacén y el techo de la fonda.

Estos centros se reprodujeron no sólo en los barrios capitalinos sino también en cada lugar del interior del país donde se radicó la inmigración española: las provincias de Buenos Aires, Santa Fe, Córdoba, Entre Ríos, Mendoza, San Juan, Tucumán y La Pampa. Entre todos sobresale el poderoso Centro Gallego, que reunió al contingente regional más numeroso. No es casual que a todos los españoles se los conozca fatal y confianzudamente como "gallegos", sin tener en cuenta siquiera el espesor de sus cejas...

La Asociación Española, fiel a su cometido de "esparcir y oxigenar el espíritu", era pues la encargada de organizar las famosas romerías. Tarea de altísima responsabilidad capaz de movilizar un ejército de cabezas pensantes, ya que cada año la fiesta debía emular a la anterior en colorido, despliegue y perfecta organización.

El evento tenía piadoso comienzo con una misa oficiada en la iglesia del Pilar, en cuyo altar resplandecía la Virgen de la Concepción. La imagen permanecía durante todo el año en la capilla del panteón social en la Recoleta de donde salía únicamente para presidir las solemnidades religiosas. Terminada la misa, la

Virgen volvía a la capilla en procesión sumergida bajo un mar de flores y banderas, y escoltada por el sonido de las gaitas y los cánticos de los orfeones gallego y asturiano. Estos orfeones eran, como en España, sociedades corales de voces masculinas que cantaban *a capela.*

Concluida la parte religiosa, la comitiva oficial se ponía en marcha hacia Palermo, donde la animación hervía desde temprano. Como los Carnavales, las romerías eran auténticas fiestas populares.

Los convoyes del Central Argentino, que para esa fecha brindaba servicios especiales, llegaban cada cinco minutos para descargar su cuota de muchedumbre en traje de fiesta. Mientras tanto, en el camino de la Recoleta pululaban los carruajes de toda especie acarreando romeros y curiosos, gente de toda clase social, humildes jornaleros, copetudos presidentes de asociaciones y comerciantes ricos. También las familias argentinas acudían en buen número a gozar del sol, el verde nuevo de los árboles y el espectáculo de todo un pueblo de fiesta. Desde los coches descubiertos cantaban voces improvisadas acompañando las alboradas de las gaitas: instrumento rústico y dramático que tan bien consuela la morriña del alma gallega con su quejido penetrante nacido de la montaña.

Hombres y mujeres competían en elegancia. Ese día jóvenes y viejos se echaban encima los mejores y más coloridos trajes típicos. Del arcón salían a relucir mantones, pañuelos de yerbas, refajos, gorras, faldas con volados, peinetones y barretines.

Bajo los árboles se desplegaban tiendas y carpas, grupos de cantaores y corros de baile que echaban al medio parejas arrogantes. Era el ondular del flamenco andaluz, las jotas y rondallas, los zortzicos y muñeiras acompañados de palmoteos excitantes, picados de castañuelas y zapateos.

Entre ese mar de tiendas caprichosas se activaba un comercio de bocados exquisitos; platos fuertes a base de pimientos y bebidas estimulantes para mantener alta la energía derrochada por todos los poros. Así, en ese entrevero de gente alegre y de buen apetito, coplas y piropos, cantos y pasos de baile, transcurría la jornada.

En Barracas al Sud la Unión de Socorros Mutuos también celebraba la fiesta anual, con la bendición del cura párroco y la visita cortés del ministro de España. Una enorme carpa albergaba los comensales del banquete oficial que remataba con nocturnos fuegos de bengala. Como complemento de estas romerías se corrían regatas de remo en el Riachuelo y carreras de velocípedos acuáticos. Un poco más limpio que hoy, evidentemente los deportistas sobrevivían a los chapuzones.

Las romerías culminaban la noche del domingo. Apagadas las luces, perduraban los comentarios admirados, los chismorreos y los noviazgos de ocasión. Por suerte, la ciudad tenía otros paseos con que entretener la vida de la colectividad hasta el próximo año.

En 1883 Torcuato de Alvear comenzó el trazado de la Avenida de Mayo, que se habilitó con bombos y platillos el 9 de julio de 1894. Desde su nacimiento se transformó en el centro comercial y social de los españoles; también en la arteria principal de la ciudad, especialmente cuando en 1906 se trasladó el Congreso al otro extremo. Cuesta hoy reconstruir mentalmente la Buenos Aires de fin de siglo —cuando la 9 de Julio no existía— y asignarle a la Avenida de Mayo el papel de centro de la moda, el cotilleo y el espectáculo que tenía entonces.

Sobre ella se alineaban los teatros, los hoteles de categoría donde paraban los políticos, intelectuales y artistas hispanos de visita, y las sastrerías elegantes regenteadas por miembros de la colectividad. Unos versos del poema "Mi Argentina" de Leonie Fournier la describe así:

> "La Avenida donde están
> las agencias del lotero,
> los hoteles, los cafés

donde nunca van de acuerdo
los que discuten 'sus cosas',
andaluces, madrileños,
que la Avenida de Mayo
es como la casa de ellos."

El barrio entero estaba ganado por edificios que reproducían la arquitectura peninsular con sus balconadas y sus patios de mayólicas: el *Diario Español*, la Sociedad de Autores Españoles, el Centro Asturiano de Cultura y el Hotel España, donde pernoctaron Ramón del Valle Inclán y José Ortega y Gasset.

Por entonces Buenos Aires adoraba el teatro; y éste era predominantemente español.

Todo el mundo —incluidos los nativos— se disputaban las localidades para aplaudir a las compañías recién llegadas de Madrid que, desde la inauguración del Teatro de la Alegría en 1870, habían introducido el culto de la zarzuela y el "género chico". Junto con la Avenida, nació el Teatro Mayo, la sala tradicional del repertorio hispano donde comenzó la carrera la legendaria Lola Membrives con *La buena sombra*, de los hermanos Serafín y Joaquín Alvarez Quintero. Otra diosa de las tablas, María Guerrero, debutó en el Odeón en 1897 con *La niña boba*, de Lope de Vega; once años después ella misma inauguró el Teatro Avenida que en sus muchos años de vida ofreció lo mejor de la zarzuela, el ballet y el género dramático español ya de este siglo. Casi todas estas salas desaparecieron por demolición o incendio.

Quien no tenía dinero para lucirse en la platea o en un palco bajo —en los antepalcos se comía durante los intervalos— sacaba una entrada en el "paraíso" que costaba muy poco. Allá arriba, colgando de la baranda, se podía ver perfectamente la calva del tenor o el rodete de la tiple contoneándose con los acordes de las piezas de moda: "La gran vía", "La verbena de la paloma", "La Dolores", "Pepa la frescachona". Sus pasajes más pegadizos —la jota, el vals, el chotis— se tarareaban luego en la calle a grito pelado. Para dar una idea de su contenido, baste saber cómo se publicitó "La gran vía": "revista madrileña cómico-política-fantástico callejera".

El público deliraba por sus artistas. El mismo fervor que inspiraron las grandes actrices trágicas y las cantantes de zarzuela lo provocaron las cupletistas y tonadilleras que actuaban en el país desde la época de Rosas. Sólo que éstas fueron recibidas siempre con cautela por la Prensa seria, ya que alborotaban la libido de los hombres con sus canciones intencionadas. Mucha ojera, mucho rímel espesando las pestañas, los varones zozobraban en la profundidad de sus ojos fatales. Para colmo, mostraban el tobillo y los brazos desnudos.

En 1906 viajó al país Agustina del Carmen Carolina Otero e Iglesias, conocida como La Bella Otero. Aunque española, prefirió alojarse en el Hotel París para corroborar su aire frívolo de

Escandalete

••••• *Buenos Aires recibe con extraordinaria velocidad los éxitos teatrales de España y ovaciona a sus artistas, que van y vienen. El 20 de abril de 1894 se estrena en el teatro Rivadavia (hoy Liceo)* ***La verbena de la Paloma****, célebre zarzuela de costumbres madrileñas, que se conoce en esta capital a sólo dos meses de ser aclamada en Madrid.*
Un año después, en ese mismo teatro se produce un gran alboroto cuando la actriz española Clotilde Perales, en lugar de presentarse a cantar el Himno Nacional vestida de blanco y celeste, como era costumbre, aparece con un traje de seda amarilla con adornos punzó (los colores rojo y gualda de la bandera española). Para colmo, la actriz cambia la letra del Himno (que entonces se cantaba en su versión completa) diciendo: "Y a sus plantas rendido un ratón". Luego arroja la bandera argentina que tenía en sus manos.
Los diarios registran con indignación el incidente. •••••

diva de la *bélle époque*. Sus dotes artísticas eran discutibles, pero no su seducción. Célebre entre las célebres, envuelta en trajes con reminiscencias orientales, morena y enigmática, con un poco de papada al gusto de los tiempos, llegó y mató. Tanto alboroto produjo y tanto espacio le consagró la Prensa, que la revista *Caras y Caretas* se permitió recordar: "...el desembarco de Colón fue más importante; no exageremos". El mismo José Martí se sobrepuso a su encono patriótico y comentó de ella: "¿Cómo dicen que es gallega? Dicen mal: es divina".

Después de ella actuaron Aurora Jaufiret —La Goya—; Paquita Escrivano, aclamada intérprete de chotis; Teresita Maraval —La Zazá—; y una niña, Magdalena Nile, que pasó a la historia del cuplet con el nombre de Imperio Argentina. También nos visitaron bailarinas de flamenco como La Malagueñita, la Satanela y la legendaria Tórtola Valencia a quien los diarios acusaban de haber vuelto loco a un maharajá. Toda esa época dorada culminó alrededor del '20 cuando Raquel Meller debutó en Buenos Aires: delicada, flexible y talentosa, el público la consagró como la máxima cupletista de todos los tiempos. Auténtica imagen goyesca de peinetón y mantilla negra, traía entre su repertorio "La violetera" y "Flor de té".

Sobre aquellas diosas de entre siglos llovían flores, sombreros y piropos. Tanto como hoy se cotiza un rulo de Mick Jagger, se apreciaba un fleco del mantón de María Guerrero. Jacinto Benavente dijo que al ver bailar a Pastora Imperio sintió ganas de proferir atrocidades. Los comentarios de sus actuaciones se bebían con fruición en las páginas de *La prensa española*, junto con una copita de anís, en un bar de la Avenida de Mayo. Ellas acaloraban las tertulias tanto como una noticia de guerra.

Pero en las veredas de la Avenida de Mayo no todo era peluquería y café, coplas y manolerías teatrales. También fue la platea de sucesos callejeros muy conflictivos: las manifestaciones de socialistas y anarquistas, entre los cuales había muchos españoles.

Buenos Aires se mostraba dócil y generosa para quienes

habían logrado instalarse por cuenta propia, pero no para quienes trabajaban bajo patrón. El aluvión inmigratorio había concentrado gran cantidad de trabajadores en las ciudades. Crecían los talleres, fábricas, comercios y servicios; y con ellos un grupo de asalariados que denunciaba diversas formas de explotación. Como en los países de Europa se conocía la moderna lucha de clases, las ideas reivindicativas se trasladaron aquí. Bajo sus consignas se impulsaron las primeras huelgas y nacieron los primeros sindicatos. Los "agitadores" —franceses, alemanes, italianos, españoles— se volcaron a las calles enarbolando periódicos libertarios y banderas negras.

Retomaremos este aspecto de la vida social en el capítulo de los italianos, que constituyó el grupo más activo.

Baste por ahora saber que el 1º de Mayo de 1890 unos tres mil proletarios se reunieron en el Prado Español de Buenos Aires —lugar destinado por la colectividad para verbenas y romerías— y allí se celebró por primera vez en el país el Día del Trabajo. Simultáneamente un grupo de ácratas españoles —Los Desheredados— comenzó a publicar el periódico *El perseguido*. Dos años más tarde, para otro 1º de Mayo, el acto organizado por la fraternidad Los Hambrientos motivó en el diario *La Prensa* el siguiente comentario: "Concurrieron unas cuarenta personas... Un italiano y un español expresaron sus ideas —violentas en el fondo, por supuesto— pero en términos cultos y correctos; se fue así el discurso de otro español, que fue violento en el fondo y en la forma".

Los hijos nacidos de aquellas parejas que descendieron de la *Consuelo* crecieron, pues, arrullados por las nanas en gallego que les cantaban sus padres, las tonadillas pícaras y los himnos anarquistas. La década del '90 no fue fácil, ya que el modelo liberal instaurado por los hombres del '80 comenzaba a mostrar fisuras en el plano social.

Pero puede decirse que el siglo terminó bien para los españoles.

La fragata Sarmiento realizó un viaje a la península donde

fue recibida con grandes muestras de cordialidad. Los agasajos a la tripulación se hicieron extensivos a la Argentina. En respuesta, el presidente Roca firmó en 1900 un decreto que eliminaba las estrofas del Himno Nacional ofensivas para los españoles. Las que hablaban de "el vil invasor", "el fiero opresor de la patria", "el tirano a la fuga se dio", etcétera.

La colectividad agradeció el gesto con actos en todo el país. El 25 de Mayo seiscientas voces y doscientos instrumentistas de los orfeones, coros, bandas y orquestas de las asociaciones desfi-

Una española vista por un poeta

••••••
"Me gusta verte así, bajo la parra,
resguardada del sol del mediodía,
risueñamente audaz, gentil, bizarra,
como una evocación de Andalucía.

Con olor a salud en tu belleza,
que envuelves en exóticos vestidos,
roja de clavelones la cabeza
y leyendo novelas de bandidos.

¡Un carmen andaluz, donde florecen,
en los viejos rincones solitarios,
los rosales que ocultan y ensombrecen
la jaula y el color de tus canarios!

¡Cuántas veces no creo al acercarme,
todo como en un patio de Sevilla,
que tus más frescas flores vas a darme,
y a ofrecerme después miel con vainilla!"
••••••

(Fragmento de *En el patio*, de Evaristo Carriego)

laron por la Avenida rumbo a la Plaza de Mayo. Allí se entonó la expurgada canción patria, y otra más con letra de un argentino y música de un español. Luego la Patriótica Española le entregó a Roca un álbum con miles de firmas de hispanos agradecidos. El intendente le puso el nombre de España a la Plaza de los Inválidos, y se mandó fabricar un jarrón artístico para obsequiar a la reina regente, doña Isabel II.

La primera década del XX transcurrió así, entre gentilezas oficiales que, como las compañías de teatro, cruzaban el charco a cada rato. El punto más alto de la integración del inmigrante español y el olvido de los viejos rencores —si es que todavía existían— se produjo cuando Alfonso XIII envió a su Serenísima tía, la Infanta Isabel de Borbón, para que se sumara a los festejos del Centenario de la Revolución de Mayo.

La actriz Milagros de la Vega la recordó así: "La vi pasar en la carroza presidencial. La tiraba un tronco de caballos soberbios. Estaba enjaezada con unos arneses que relucían al sol. La Infanta era una señora gorda. Tenía un tipo bastante vulgar. Pero de una gran simpatía. Familiarmente la llamábamos La Chata".

El pastelero del Hotel España preparó para la ocasión una escultura de azúcar con la figura del rey en tamaño natural.

3

Los herederos de Guillermo Tell

Sarmiento no comulgaba con España.

Admirador de la Francia y la Inglaterra, tenía sus ideas con respecto a la madre patria: "Esa rezagada de Europa —escribió— que, echada entre el Meditárreo y el Océano, entre la Edad Media y el siglo XIX, unida a la Europa culta por un ancho istmo y separada del África bárbara por un angosto estrecho, está balanceándose entre dos fuerzas opuestas, ya levantándose en la balanza de los pueblos libres, ya cayendo en la de los despotizados; ya impía, ya fanática; ora constitucionalista declarada, ora despótica imprudente; maldiciendo sus cadenas rotas a veces, ya cruzando los brazos, y pidiendo a gritos que le pongan el yugo..."

Para él, como para otros hombres de opinión contemporáneos, la España colonialista estaba fatalmente ligada al atraso y la barbarie, dos flagelos que nosotros, sus hijos, habíamos heredado por vía sanguínea. De modo que cuanto más rápido se desembarazara el país de las tradiciones hispanas, más rápido ingresaría a la modernidad, al mundo civilizado.

La inmigración española demostró sin embargo que tenía

brazos, talento y espíritu de sobra para llevar adelante el sueño de progreso que el mismo Sarmiento pregonaba; con la ventaja de que —por afinidad cultural e idiomática— resultó el grupo que con menos traumas fue digerido por el elemento nativo. Antes de que terminara el siglo, España ya había dado músicos, arquitectos, periodistas, educadores, catedráticos y científicos de profunda inserción en los medios argentinos.

Como se ha dicho, una parte del contingente se instaló en las provincias.

Con la misma desenvoltura con que tres siglos atrás, por el simple expediente de cortar unas matas de pasto tomaban posesión de continentes enteros o fundaban una ciudad de palo entre un hervidero de indios, se lanzaban al interior a levantar un pueblo o una colonia agraria. Muchas localidades prósperas tienen un español audaz como fundador.

En 1870 Rafael Escriña asentó numerosas colonias en las provincias de Santa Fe y Córdoba. Modesto Rodríguez Freire en el mismo año trazó el pueblo de Micaela Cascallares, cerca de Tres Arroyos. En 1894 Justo López de Gomar fundó en Mendoza empresas industriales y de colonización y la Villa de Guaymallén. La colonia Cervantes, en Río Negro, fue creada por Vicente Blasco Ibáñez en 1910. Carlos Casado, que se había dirigido a Santa Fe en 1870 estableció la colonia Candelaria y su núcleo urbano Villa Casilda. Y otros...

Compraban tierra, construían graneros, traían maquinaria agrícola, obtenían créditos, trazaban líneas de ferrocarril, llevaban el telégrafo, levantaban el Club del Progreso, compraban más tierra, ponían el ladrillo fundamental de la escuela y acababan siendo dueños de un pueblo que sus hijos y nietos se encargarían de dilapidar. Pero el gallego fundador, eternizado en un busto de bronce, ya había dado su nombre a la plaza pública.

La generación sarmientina alentaba, no obstante, la venida de inmigrantes rubios que hubieran nacido del otro lado de los Pirineos. De esta opinión era un salteño llamado Aarón Castellanos: las razas latinas o mediterráneas eran funcionalmente inferiores e ineptas, en nada comparables con la que formaban los sajones correctos y los alemanes industriosos.

Castellanos, hombre emprendedor, hizo realidad tempranamente el sueño de Sarmiento: en 1856 llevó a la provincia de Santa Fe una colonia suiza. La primera colonización agrícola organizada y exitosa que se llevó a cabo en el país.

La zona elegida fue el Chaco santafecino, entre los ríos Salado, Bermejo y Paraná. Nada mejor que injertar en tierra de indios un contingente de extranjeros deseables. Se llamaría Colonia Esperanza. Experiencia piloto, ensayo de inmigración ordenada, abuela de todas las colonias futuras.

Para ese entonces todavía no había leyes inmigratorias claras que instituyeran a nivel nacional la llegada de extranjeros. ¿Qué ventajas obtenía entonces un particular como Castellanos que se lanzaba a la aventura de traer colonos?

El 15 de junio de 1853 Castellanos firmó un contrato con el gobierno de la provincia de Santa Fe, que quería "promover los elementos de riqueza y prosperidad que encierra su territorio y dar impulso al comercio y a la industria, preferentemente a la industria agrícola, fuente principal de riqueza y de fuerza". Por ese contrato Castellanos quedaba autorizado a llevar mil familias de labradores europeos, elegidas por él, todas honestas y laboriosas. Cada familia debía componerse de cinco personas, hombres en su mayor parte, con diez años cumplidos por lo menos, aunque se admitían los hijos del matrimonio de menor edad.

Castellanos se comprometía a reclutar, transportar y conducir por su cuenta a las familias, por grupos de doscientas en el término de dos años, y un total de mil en el término de diez. También quedaba autorizado a firmar con los colonos contratos privados, de modo de recibir de ellos recompensa por trabajos hechos para el establecimiento de la colonia, por facilitarles adelantos de dinero para los pasajes, vestidos y herramientas, y por pagar agentes en Europa e intérpretes. Además recibiría durante cinco años una tercera parte de lo producido.

El gobierno, por su parte, se obligaba a entregar a cada familia un rancho de dos cuartos con puerta y ventana, harina, semillas surtidas para sembrar diez cuadras, dos caballos, dos bueyes, siete vacas y un toro para cría. La familia reembolsaba estos adelantos al cabo de dos años. También les adjudicaba el terreno de veinte cuadras cuadradas, que quedaba de su propiedad absoluta al cabo de cinco años. Además el gobierno se comprometía a entregar a Castellanos, en pago por su gestión, treinta y dos leguas cuadradas de tierras elegidas por él, una superficie mucho mayor que la destinada a la totalidad de la colonia.

Si se suman los intereses que cobraría por préstamos a los colonos, el diezmo de la cosecha y el regalo de las tierras públicas, se aclara la razón de tanto interés. Tómese este contrato —ventaja más o menos— como modelo de muchos que se hicieron luego, incluso menos transparentes que el de Castellanos. La generosidad con que los gobiernos entregaron las tierras fiscales a los particulares motivó más tarde una feroz reventa y la consabida especulación.

Pero ya lo tenemos a Castellanos en Europa conectado con empresas colonizadoras encargadas de reclutar gente. La propuesta se difundió en Francia, Suiza y Alemania. Quienes se interesaron fueron suizos de los cantones francés y alemán.

Los candidatos se encontraron de pronto como el jamón del sándwich: tironeados entre Castellanos, que los quería traer para acá, y las empresas que tenían ya organizado su propio negocio de emigración preferentemente hacia los Estados Unidos. Castellanos les hablaba de un paraíso terrenal en donde sus heredades los estaban esperando, y donde bastaba hundir el arado para obtener al año siguiente pingües ganancias. Como un folleto de turismo barato, en la primera hoja del contrato se veía dibujada una casa de estilo europeo rodeada de arroyuelos cruzados por puentes, palmeras y montañas. Dichas agencias, por su lado, le boicoteaban el proyecto vociferando que estas tierras eran peligrosas e ingobernables, y que el deporte favorito de los nativos era degollar caraspálidas. Castellanos tuvo que admitir que algunos indios había.

Cuando volvió de Europa se encontró con la sorpresa de que se desconocieron los términos del contrato. Una de las razones que alegó el gobierno fue el temor a las consecuencias que podía traer el formar colonias íntegramente con extranjeros.

El temor era explicable. Los inmigrantes que se establecieran en tierras cercadas por indios deberían armarse en defensa propia. Apenas poblada Esperanza con los primeros colonos, hubo cuatrocientos hombres provistos de armas largas, fuerza considerable para la época. Teniendo en cuenta que el proyecto era fundar muchas colonias más, era posible prever que en la provincia, apenas transcurridos diez años, habría dos mil o más extranjeros armados y organizados en cuerpo legalmente, como guardias cívicas, para la defensa de sus campos. Y aunque no pudieran apartarse de ellos sino una legua, no se podían pronosticar los conflictos futuros o su utilización con fines políticos.

En los contratos que siguieron se reparó el descuido: el gobierno se encargaría de auxiliar a los colonos militarmente si fuera preciso. Pero estos primeros suizos que llegaron con Castellanos se defendieron solos; y bien que lo hicieron: tenían armas europeas modernas y una puntería endemoniada. El deporte nacional de los suizos era, casualmente, el tiro.

Por otra parte, el nuevo gobernador de Santa Fe, José María Cullen, protestó porque el contrato era leonino. No le importaba tanto que lo fuese para los colonos, sino que entre éstos y Castellanos se llevaran tal cantidad de tierra provincial.

Después de muchos tira y afloja, y ante la inminencia de la llegada del primer contingente, les fueron entregadas siete leguas al noroeste de la ciudad de Santa Fe, pasando el río Salado y la zona de bañados. Era sin duda un triunfo personal de Castellanos, quien, además de tener intereses concretos en la empresa, creía en ella con la tozudez de los visionarios.

A principios de 1856 llegaron los pioneros a Colonia Esperanza. Las doscientas familias embarcaron en veleros en la costa de Normandía, más o menos agrupadas en remesas según su idioma. Eran suizos de los cantones de Valais, Vaud, Argovia,

Berna, Zurich y Ginebra; saboyanos, alemanes de las provincias renanas y bávaras, así como franceses del departamento del Jura. En general, labradores pobres y no muy experimentados. Algunos expulsados por la propia comuna que no tenía cómo mantenerlos.

La cosa es que aquí estaban.

Tras un viaje que duró casi tres meses, se encontraron con

Moda europea

••••• *La llegada de las primeras doscientas familias suizas causó sorpresa en Santa Fe. Esta ciudad de provincia, quieta y adormilada, no tenía, como Buenos Aires, el hábito de recibir gentes remotas. Además, para los santafecinos, el contrato firmado con los inmigrantes por su gobernador no pasaba de ser una utopía; un homenaje tributado a algunos escritores y oradores que trataban de popularizar la idea de la inmigración.*

De ahí el estupor que provocó el ver entrar a puerto unas goletas hormigueantes de cabezas rubias; y, un rato después, descubrir la playa desbordada de hombres, mujeres y chicos con exóticos gorros valesanos, que caminaban rústicamente hamacándose sobre pesados zuecos.

*Más llamativo les resultó luego verlos en trajes de fiesta. Cada 1º de agosto, los suizos celebraban la independencia de su país con cantos y bailes. Las mujeres llevaban un corselete oscuro con adornos plateados o claveles bordados que se ataban al pecho con cordeles, pollera colorada, blusa blanca y zapatos negros con hebillas. Los hombres usaban sombreros, **knickers** y zapatos negros con medias blancas. Con el tiempo, estas elegancias se deshilacharon y ya no había cómo reponerlas. Los colonos se quejaban por no tener "vestimentas decentes". Dos hermanos del cantón de Zurich compartían un único par de zapatos y un sombrero, por lo que se turnaban religiosamente cada domingo para ir al pueblo.* •••••

la tierra prometida. El primer contacto con ella fue la ciudad de Santa Fe, donde permanecieron diez días. Después marcharon a la colonia en carretas tiradas por bueyes. El contrato se cumplió aceptablemente. La casita alpina, los puentecillos y las palmeras del folleto no aparecieron, en su lugar les mostraron un fortín enclenque donde unos soldados enrolados a disgusto supuestamente mantendrían a los indios alejados.

¡Cómo se entusiasmaron en cambio al ver la excelente tierra llana, con un gordo manto de humus y sin una sola piedra "ni siquiera del tamaño de una avellana"! Tuvieron que reconocer que en cuanto a calidad del suelo Castellanos tenía razón.

Mientras se solucionaban los primeros inconvenientes y en tanto no podían comenzar con las tareas agrícolas, se dedicaron a extraer madera de los bosquecitos que rodeaban la colonia, con la cual hacían carbón de leña. Así lo cuentan: "La madera no es muy bella, pero es dura. Los bosques son completamente llanos, como nuestras concesiones. En cuanto a las bestias feroces, no existen; en cambio hay muchos animales que pueden cazarse: palomas, patos, cigüeñas, ciervos, avestruces, muchos otros de los que no sé el nombre y también loros".

Cuando la colonia quedó constituida se nombró un juez de paz. Era un suizo. Además se designaron dos suplentes: uno que hablaba francés y otro que hablaba alemán. La colonia estaba separada idiomáticamente del resto del país, y en sí misma partida en dos. La división entre alemanes y franceses era absoluta y fuente de peleas. Los suizos, en cambio, que compartían dentro de su propio país ambos idiomas, se llevaban bien entre sí; mediaban en las discusiones de los otros grupos y, fieles a su tradición, levantaron la bandera de la neutralidad.

En rigor no fueron tanto las diferencias de nacionalidad las que provocaban discusiones, sino las religiosas. El contingente era un mosaico: de las 200 familias, 77 eran protestantes de ambas lenguas, 68 católicos de habla francesa y 55 católicos de habla alemana; los católicos, a su vez, se dividían en intolerantes y moderados.

Al principio la economía de la colonia languideció. La mayor parte de las familias carecían de harina y sólo setenta habían recibido su yunta de bueyes. Escaseaban las semillas y los medios con que arar. Pero por sobre todo, les faltaba experiencia: se encontraban en un país nuevo y el asentamiento era una suerte de islote en medio de un desierto.

Las vacas, que en Europa eran mansas y educadas como damas de salón, acá eran ariscas y reviradas. A menudo aprovechaban la distracción de los colonos para regresar a la querencia, y el ex dueño las contramarcaba para quedarse otra vez con el animal cariñoso. Los bueyes, ingobernables, parecían toros de lidia por el trabajo que daba engancharlos al arado.

Algunos suizos, desencantados, se volvieron a la ciudad de

La casa

•••••• *Apenas recibida su parcela de tierra, y antes de comenzar cualquier tarea agrícola, el colono suizo debía cavar un pozo de 12 metros de profundidad para obtener agua clara y potable. Luego se imponía construir el corral (**Koral**) donde, según costumbre de estas pampas, se guardaba el ganado de noche.*

Con el tiempo recién emprendía la construcción de la casa definitiva que reemplazaría al diminuto rancho de adobe, no más confortable que éste, pero sí más sólida ya que estaba hecha de ladrillos que ellos mismos fabricaban con tierra de algún pantano vecino; la amasaban con los pies o bajo las patas de los caballos, la ponían en moldes y secaban los bloques al sol.

*Las paredes no conservaban el calor, de modo que cuando soplaba el viento sur (el **Bise** de la patria lejana) sentían los huesos traspasados de frío. Como la leña era un lujo escaso, los abrigaba sólo la cocina, similar a la de los italianos del norte, con chimenea y olla colgante*

•••••• *donde hervía la sopa.*

Santa Fe para ejercer oficios varios. Pero la mayoría siguió adelante.

Las concesiones de los lotes se adjudicaron por sorteo; igualmente las dos mitades en que se dividió la colonia, con 105 parcelas cada una. Cinco de ellas estaban reservadas para la administración. La larga franja central, donde luego se formó el pueblo y la plaza pública, tenía cuatro cuadras. Aún hoy la ciudad de Esperanza conserva esa rara forma alargada.

También se dispuso que las casas se agruparan en las esquinas comunes de cada cuatro concesiones, para defenderse mejor de los ataques indios. La medida no tuvo mucho eco ni razón. A los indios les bastó un par de encuentros con los diestros tiradores helvéticos para desistir de llevarse el ganado. Rápidamente estaban entendiendo que la ley era para los blancos, lo mismo que las tierras y reses de las que habían sido altivos dueños. En la vastedad de las estancias sus incursiones eran más productivas: allí había mucho ganado suelto y pocos hombres para custodiarlo; al revés que en las colonias, donde las vacas estaban contadas.

Quedaba, no obstante, para los suizos, el peligro de los "gauchos malos" perseguidos por la justicia; y de los indios reducidos o civilizados, que se emplearon a menudo como soldados en la frontera para luchar contra sus propios hermanos de raza.

Cuando los colonos más laboriosos cumplimentaron la primera siembra de alguno de los productos que indicaba el contrato, aparecieron los dos azotes que les iban a amargar la vida: la sequía y la langosta.

Durante tres años seguidos la langosta les comió la cosecha.

Una y otra vez asistieron impotentes a la llegada de esa nube oscura que eclipsaba el sol, arrasando a su paso la región entera. Nada la espantaba. La formidable puntería de los suizos no podía contra un millón de insectos voraces que les pelaban la huerta, los árboles y los surcos. Un año de trabajo deshecho en minutos por aquella tromba imparable.

En octubre de 1857 se celebró en Esperanza la primera misa. Como no tenían párroco propio, aprovecharon que pasaba por el pueblo un padre franciscano y le encargaron el oficio. No había capilla ni oratorio, así que se celebró al aire libre. Misa de campaña. En mitad de la ceremonia el sacerdote observó que sus piadosos feligreses entraban en desbande. Era un día de invasión de langosta, no previsto por el almanaque. Tantas cayeron que los árboles se doblaban por el peso de los bichos amenazando con quebrar las ramas.

Rápidamente los colonos buscaron un santo protector. Lo más atinado era encomendarse al santo de ese mismo día; día de la langosta. Le tocó a Santa Teresa. Los concurrentes se compro-

Invasión

••••• *La revista **PBT** ironiza sobre las "plagas" nacionales, con alusión a Damián Torino, ministro de Agricultura en 1904. Dice:*

"Siete mil inmigrantes han desembarcado en Buenos Aires en menos de una semana. Ya tiene Torino catorce mil brazos disponibles para la cosecha, suponiendo que no haya ningún manco. Y suponiendo que la langosta deje algo que cosechar, porque ésta es la huéspeda con que no había contado el Ministro."

"Cosas las dos apremiantes
a que debe, y por la posta,
atender, pero ¿a cuál antes?
¿a la manga de langosta,
••••• *o a la manga de inmigrantes?"*

metieron a celebrar su fiesta todos los años; y así se hizo. Aunque luego se declaró patrona oficial de la colonia a la Virgen María en el Día de su Nacimiento, se mantuvo a Santa Teresa como segunda protectora. Por las dudas, por si las langostas...

Pese a todo, los suizos tomaron la vida con corajuda resignación. Uno de ellos escribe así a sus parientes: "Si las langostas nos han asustado, no por ello nos han llevado a arrepentirnos de haber dejado el Valais; reconocemos que la facilidad de vivir es mucho mayor que allá; por otra parte no ignoramos que hay un proverbio bastante generalizado que dice: 'no hay rosas sin espinas', pero no es menos verdad que esto es un paraíso terrenal en comparación con Europa". El mismo colono se ocupa de descalificar a los quejosos e ingratos: "No se trata más que de esa gente que creía que no tendría necesidad de encorvarse para trabajar las tierras y que los cerdos asados andaban por el campo con el tenedor y el cuchillo en el lomo, y que las palomas y las codornices caían en un plato listas para ser comidas; sin duda que esta gente ha sido engañada en su ilusión".

Termina la carta con un modesto inventario de sus riquezas: "Tenemos dos bueyes de labor, dos vacas, una ternera simple, un toro y un caballo, cuarenta pollos, dos cerdos simples, un perro y un gato. Si uno se pasea por la colonia, ello es siempre a caballo; es muy raro ver a un hombre pasear a pie, ni aun las mujeres; es decir que todos los paseos, tanto de niñas como de muchachos, se hacen a caballo".

La sequía que les marchitaba los granos traía de la mano otro peligro: los incendios. Si encima terciaba el viento, la catástrofe era completa. Se cuenta que un colono quiso eliminar con fuego los pajonales que cubrían su concesión. Nadie le había hablado del Pampero, ese viento poderoso que barre desde el oeste la llanura argentina. Con el primer soplo las llamas se extendieron a las concesiones vecinas. La gente salió a tiempo de sus ranchos para presenciar cómo el fuego se tragaba en instantes sus débiles estructuras de madera, barro y paja. Entre el llanto por las casas perdidas, habrán querido linchar al ocurrente.

Para no desalentar a los contingentes por venir, las cartas de los colonos de Esperanza que se publicaban en Europa omitían los párrafos que hacían referencia a estos desastres.

Lo cierto es que en los primeros tiempos las granjas daban más fatigas que beneficios. Aun con buena cosecha, una vez deducidos los gastos y liquidadas las deudas contractuales, poco quedaba. Además, hasta que se construyeron graneros, se vieron obligados a vender el cereal a cualquier precio apenas concluida la trilla.

A los cinco años de su fundación la colonia tuvo su Municipalidad. A los seis, se produjo un hecho histórico: la entrega de las tierras en propiedad a sus ocupantes. Se iniciaba la presidencia de Mitre y con ella una etapa de estabilidad constitucional. Por primera vez en el país, una porción de su territorio pasaba a manos de las familias que la trabajaban sin que importara su raza, nacionalidad, idioma o creencia religiosa. El proyecto iba tomando cuerpo. Pero era necesario que los colonos se integraran culturalmente, escuela mediante.

El primer maestro que tuvo Esperanza se llamó Johann Helbling.

Para ocupar ese puesto debía, ante todo, ser políglota. Helbling lo era: hablaba alemán, inglés, francés y castellano. Por otra parte, debía tener alma de apóstol para no desfallecer ante los inconvenientes. De hecho, él era el maestro del sector alemán, así que compartió los trabajos de la escuela pública con un católico francés que lo secundó en la empresa.

A la conocida resistencia de los chicos para asistir a clase se sumó la de los padres en mandarlos. Como cualquier maestro de campaña aún hoy, la tarea de Helbling fue ir casa por casa tratando de convencer a los adultos de la importancia de desburrar a su prole, que se estaba haciendo cimarrona como para ponerse a tono con el paisaje. Las razones de la negativa salen a la luz en una carta de la época:

"Esta gente, a pesar de algunas costumbres viciosas, es industriosa. Las mujeres sobre todo. Y admira ver a una niña de diez o quince años montada como un hombre sobre un caballo, mostrar toda la destreza de un verdadero gaucho, arreando ganado por el campo.

"Pero si por un lado se instruyen en las costumbres del trabajo de los gauchos, por el otro adquieren sus *vicios*. Es casi imposible persuadir a esta gente de mandar sus hijos a la escuela, y su educación religiosa está igualmente descuidada.

"El Gobierno hizo lo que pudo para adelantar la educación de la Colonia, poniendo un maestro hábil que conocía perfectamente los tres idiomas. Pero bajo el frívolo pretexto de que no querían que sus hijos aprendieran español —lo que era una condición inflexible del Gobierno— los alemanes se retiraron. El verdadero motivo era que, no siendo gente para saber apreciar la educación, creían que más cuenta les hacía aprovecharse del trabajo de sus hijos en casa.

"Así (en 1863) hay cuatro escuelas en teoría, pero se puede decir que no hay ninguna, pues ninguna funciona. Puede ser que durante el invierno cuando las faenas del campo dejen más tiempo y espacio, los colonos se muestren más dóciles."

Otros detalles nos da el viajero inglés Hutchinson, que visitó Esperanza por la misma época: "Ni el gobierno provincial, ni el nacional, ni la Municipalidad contribuyen con nada al sostén de la escuela del señor Helbling. Los padres deben pagarle al maestro dos reales mensuales por cada uno de sus hijos".

Los cronistas dicen la verdad. Pero el hecho de ocupar a los menores en el campo no respondía a la intención artera de "aprovecharse de su trabajo" sino a una necesidad perentoria vinculada con la supervivencia. Cultivar era más trabajoso que criar ganado; y los colonos no eran estancieros ricos, ni disponían entonces de peones. En los primeros años de Esperanza no se contaba sino con los brazos de toda la familia para obtener alimento y abrigo.

En compensación, los muchachos crecían sanos y fuertes como el trigo. Su comida era variada porque esta tierra les brindó al fin de todo: maíz, papas, chauchas, porotos, maní... Pero la base de la alimentación fue la leche, porque en eso se especializaron los suizos: en criar vacas gordas y fabricar quesos y manteca para consumo de la casa y para un mercado cuya demanda iba en aumento.

Estos jóvenes bebedores de leche, aunque cerriles para las letras y los números, distraían con gusto su tiempo en la música. Hutchinson dice:

"Mr. Helbling ha organizado también una clase de canto entre los jóvenes alemanes, los que entonan armoniosamente melodías referentes a la madre patria sobre las costas del Río Salado."

Sin órgano ni instrumento alguno que los acompañase, los coros sonaban magníficos. ¿Qué pensarían los viejos criollos santafecinos al escuchar el "jodl", típico canto montañés de modulaciones guturales, extraño y difícil por la manera de colocar la voz? ¿Qué impacto causarían en medio de la pampa los antiguos himnos alemanes?

Cuando en octubre de 1856 visitó la colonia una comisión inspectora del gobierno de Santa Fe, Castellanos cuenta que "le salió al encuentro un gran número de preciosas niñas entonando himnos religiosos y el *God save the queen*". En realidad se trataba del *Heil, dir Helvetia*, himno suizo cuya melodía coincide con el inglés. Pero la confusión no opaca la escena de los pequeños gringos emperifollados cantando con angélica unción las estrofas de la canción patria. Coros similares saludaron al presidente Sarmiento cuando en 1870 recorrió Esperanza. Entonces la colonia tenía 2000 almas y se perfilaba como lo que fue: el centro industrial y comercial de la amplia zona de colonias que se había formado a su alrededor.

Porque Esperanza fue el imán y a la vez el globo de ensayo.

Casi en seguida la rodearon San Carlos, San Jerónimo, Las

Tunas, Grütli y Humboldt. En Entre Ríos la Villa San José, y al norte de la provincia de Buenos Aires, Baradero. Todas ellas de neto predominio suizo. Las muchas que se formaron luego ya contenían un importante número de familias piamontesas. La competencia entre ambos grupos fue notoria, y los suizos siempre prefirieron el contacto con los alemanes.

Ya no fue Castellanos el promotor de estas avanzadas, sino otros particulares y la firma Beck y Herzog, la misma que trasladó a los colonos de Esperanza. En los nuevos contratos se les prohibió tomar parte en movimientos políticos y se los eximió del servicio militar.

En todas, la vida se desarrolló de manera similar; con idénticos tropiezos, desvelos e improvisaciones. Al más sabio le tocó hacer de juez, al de mejor caligrafía lo pusieron de maestro, el más forzudo fue herrero, y el más frágil, poeta. Todas se dedicaron a la agricultura y a la actividad lechera.

El proceso de asimilación de los suizos fue lento porque, como otros grupos de inmigrantes, se empecinaron en preservar su espíritu, dialecto y costumbres. En este aspecto los colonos de San Jerónimo fueron especialmente cerrados, lo que les valió un atraso de años con respecto a los demás. Cuando el liberal Nicasio Oroño decretó el matrimonio civil en la provincia con el propósito de solucionar el problema de las parejas mixtas de católicos y protestantes, los valesanos de San Jerónimo organizaron una expedición armada en su contra porque entendieron que la medida era "impía" y atentaba contra sus principios religiosos. Con el mismo ardor se opusieron al paso del ferrocarril.

El sueño de una colonia pura, de tradiciones incontaminadas, fue siempre una utopía que alimentó la marginación económica y cultural. La no integración, el rechazar todo vínculo con el medio, convertía fatalmente a los asentamientos en islas solitarias. El colono, para sobrevivir, debió ejercer una acción consciente y positiva sobre su entorno; modificarlo, dejarle su impronta. A la larga lo entendieron los suizos más recalcitrantes, los galeses, los irlandeses...

Las nuevas colonias se fundaron con inmigrantes que se desplazaban de las antiguas, el flujo de la corriente que aún llegaba desde Suiza, los hijos de la primera generación extranjera, pobladores argentinos y los grupos crecientes de italianos. Se llamaron Helvecia, Cayastá, Cayastacito, Progreso, San Justo, Lehmann, Pujato, Rafaela, Arteaga...

Por su parte, la compañía del Ferrocarril Central Argentino —que era inglesa— llevó a cabo un plan de colonización a lo

Manden fruta

Las cartas de los colonos suizos eran por lo general optimistas, aunque resulta evidente que carecían de las cosas más indispensables. En 1857 Louis Mettan escribe a su familia:

"Queridos hermanos, en esta carta os digo que si tenéis el coraje de venir, traed vuestra batería de cocina, panera, vajilla, tinajas, mantequera para fabricar manteca, dos pecheras de caballos, un buen carro (sic), así como todos los implementos de herrero: fuelle, yunque, martillos, tenazas; os aconsejo además traer rastrillos de madera, garlopas y sierras a una y dos manos, una criba para ahechar el trigo, un colador para la ropa, un recipiente para transportar la leche, carritos para la leche, una pintura para hacer el queso; traed además toda clase de semillas para jardín, y de flores, y 50 céntimos de ocre color chocolate; traed todos los muebles de la tierra y toda clase de semillas de árboles frutales.
Como Adela me había preguntado a mi partida si podía traer su sombrero, diré que sí, que puede traerlo porque cada uno va de acuerdo con la moda de su país; traed también los sombreros anchos para el verano. Termino mi carta diciéndoos que no puedo agradecer suficientemente a Dios."

largo del tendido de la línea Rosario-Córdoba. Este fue un requisito impuesto por el gobierno argentino a cambio de entregar a la empresa una franja de terreno de 5 km de ancho a cada lado de la vía. De este modo los suizos poblaron las colonias de Bernstadt y Carcarañá, entre otras. La compañía les vendía casas de madera con techos de tejas en lotes de 20 cuadras a pagar en cinco años y sin intereses. En todas las colonias ferrocarrileras hubo también alemanes, franceses, ingleses, italianos.

Mientras tanto, otro grupo de suizos se peleaba a tiro limpio con los tobas en el corazón del chaco santafecino. A esa región pantanosa y anegadiza —ésta sí totalmente ocupada por el indio— se lanzó el doctor Teófilo Romang con un puñado de colonos veteranos de Helvecia y San Carlos. La zona elegida estaba al borde de un arroyo que tenía el sugestivo nombre de Malabrigo. Y en verdad, pocos colonos hubo en provincias tan desprotegidos como estos suizos.

Como en un "clásico" del cine de aventuras, los vemos atrincherados detrás de una empalizada, con un vigía en el mangrullo custodiando el ganado, atentos a los ataques sorpresivos de los indios. Los colonos sólo abandonan el pueblo fortificado para ir a trabajar el campo, siempre con el "Vetterli" o la carabina al hombro.

Esta colonia se llamó Romang, en homenaje a su fundador, y libró combates hasta 1890, a pesar de que seis años antes el gobierno provincial había emprendido una campaña para alejar el peligro indio. Uno de los asaltos duró dos días sin tregua; las mujeres cooperaron en la defensa fundiendo balas hasta que llegaron en su ayuda los colonos de Alejandra, un asentamiento de origen inglés ubicado a 50 kilómetros. En represalia, los suizos organizaban expediciones punitivas encabezadas por expertos "cazadores de indios" como Samuel Sager y Kaspar Kaufmann, quien permaneció mucho tiempo cautivo de los tobas.

Al crearse las colonias Berna, Ella y Las Toscas, la situación fue menos desprotegida ya que se auxiliaban unas a otras.

Como secuela de estos encontronazos se dio el caso de indiecitos que fueron recogidos por los colonos. Criados en el seno de una familia suiza, los pequeños tobas asimilaron sus costumbres. Moritz Alemann, un viajero que visitó a fin de siglo las colonias del chaco santafecino, cuenta que al llegar al pueblo se le acercó un indio a palmearle el hombro con gesto amistoso. El indio le dijo: "¡Mi turi Gottseel, do chunt ja wieder ä neue Landsma!", que en perfecto dialecto bernés significa: ¡Santo Dios, aquí llega un nuevo compatriota!

Santa Fe era ya la "pampa gringa". La trágica violencia cultural que encierra esta anécdota no significa sino que, una vez más, como en toda empresa colonizadora, la carabina había vencido a la flecha.

4

De los Apeninos a la Boca

Desde mediados de 1870 hasta 1910 la Argentina absorbió cantidad de inmigrantes italianos. Como una aspiradora enorme timoneada por un ama de casa prolija, atrajo primero a los del norte: los *caffoni*, trabajadores del Piamonte, Lombardía y Friuli; los de la zona del Véneto, Emilia y Liguria. Después siguió por los del centro: Umbria, Toscana y Lazio. Por fin llegaron los napolitanos, calabreses y sicilianos, notablemente más ruidosos y desaforados.

Sin que importara el lugar de procedencia, a todos se los llamó "tanos" o "bachichas" y se dio por sentado que hablaban el mismo idioma, aunque los del norte —que se caían de alemanes— no entendieran una palabra de los dialectos que hablaban los *terroni* del sur, sospechosamente morenos, tirando a africanos. En este "crisol de razas" no contaban los detalles.

En Italia todos podían emigrar, siempre que hubiesen cumplido con el servicio militar y no tuvieran cuentas pendientes con la justicia. En caso de ser menores de 28 años, necesitaban un permiso expedido por el Distrito Militar; pero cumplidos los 32 quedaban libres de toda obligación y podían obtener su pasaporte a menos que tuvieran personas a su cargo.

Para obtener datos sobre pasajes y fechas de partida existían comités de información vinculados con el Comisariado de Emigración de Roma. Además, en distintos lugares de Italia nacieron agencias similares a las del resto de Europa, que programaban los viajes. Para evitar abusos, el precio del pasaje lo fijaba el Comisariado. Quedó establecido que los niños menores de 1 año no pagaban, y los mayores pagaban la mitad.

Algunos de estos inmigrantes dieron, pues, sus primeros pasos vacilantes sobre el no menos vacilante muelle del puerto. Supongamos que la familia venía de la Liguria, más precisamente de Génova, cuna de navegantes, la perla del mar Tirreno. Casi con seguridad iba a parar con todo su bagaje a cuestas a la Boca del Riachuelo.

Porque si bien los italianos se desparramaron por todo el interior —ya los encontramos como colonos en Santa Fe— y por todos los barrios de Buenos Aires, en la Boca fueron enjambre. No existe hoy otro sitio más teñido de rancia italianidad. Allí llegaron de la región del Po, del Arno y del Adigio; pero los genoveses, los "xeneises", coparon el territorio.

Sus hijos crecieron en ese barrio portuario donde se alineaban barcos pesqueros, de cabotaje, algunos buques de ultramar y canoas que cruzaban trabajadores de una orilla a otra. En 1876 el gobierno de la provincia de Buenos Aires resolvió llevar a cabo el plan del ingeniero Luis Huergo, a quien nombró Director de los Trabajos del Riachuelo. Así se dragó un canal de acceso para permitir la entrada de buques oceánicos, con lo que la actividad comercial empezó a crecer con fuerza. Desde entonces en el Riachuelo operaron buques costeros y barcos con cargas inflamables. A lo largo de 4 kilómetros, sobre ambas orillas, el movimiento era constante. A la altura de Barracas había elevadores de granos y depósitos donde se alineaban los productos del país que transportaba el Ferrocarril del Sud.

Motor de esa barriada era el astillero del tano Badaraco, figura legendaria, que desde 1877 se dedicó a construir no sólo veleros sino también buques de vapor como el que llevó a los inmigrantes galeses a la zona de Chubut. Allí pasaban las tardes las pandillas de pibes, aspirando el aserrín y el olor de la brea y los barnices, viendo crecer los cascos y animando con gritos la fiesta de la botadura.

Todo este espectáculo, matizado con feroces bajantes o crecientes que despertaban al vecindario con el agua en las rodillas, se movía al compás de las voces de los estibadores que juraban en dialectos surtidos, las órdenes del patrón del barco dirigiendo la maniobra y las *canzonettas* de los pescadores.

Gringos en la pampa

••••••

Una de las colonias más prósperas y representativas de los italianos fue Caroya, en la provincia de Córdoba. Llegados de la región de Friuli, reprodujeron acá sus casas típicas con chimeneas en forma de campana y hogares ***(focolari)***, *donde cocinaban en calderos suspendidos de roldanas.*
Se dedicaron a hilar lana y seda en husos, a hacer vino moliendo la uva con los pies, y a fabricar embutidos y pickles —aun hoy son famosos los vinos y salamines de Caroya—; todo lo cual vendían en la ciudad de Córdoba, transportándolo en larguísimos carros de madera.
Un modo de recaudar dinero para la colonia fue gravar con un impuesto de $ 0,50 a cada carro que ingresara al pueblo. El codiciado cargo de recaudador se remataba. Un tal señor Fogliarini llegó a pagar por él $ 4.500. Sin embargo, grande fue su decepción al comprobar que la recaudación disminuía progresivamente. Al fin descubrió que muchos carros entraban de noche, tras haber engrasado los ejes para que el ruido no los delatara.

••••••

"Nenni, nenni, vattenne!
No'sta cchiú a suspira!
Sta rosa ca pretienne
manco la puo guarda!"

Casi todo el trabajo estaba concentrado en manos de los italianos, aunque el puerto atraía gente variada. Cuando una ordenanza de 1875 quiso obligar a los patrones a que tuvieran por lo menos un argentino en su tripulación, la orden fue resistida: los candidatos eran presidiarios que de ese modo obtenían su libertad. ¿Por qué —decían— reemplazar a los honestos *paesanos* por gente que no era de fiar?

El caserío se asentó sobre tierras bajas e inundables cubiertas de pajonales, que también sirvieron de refugio a tipos de avería.

Sobre estos terrenos los primeros genoveses construyeron sus casas sobre pilotes de quebracho, llevándolas casi dos metros sobre el nivel del río. Y las hicieron dei único modo que conocían: no con ladrillos, sino con maderas y chapas pintadas, tal

Los separatistas

●●●●●● *La tradición oral cuenta que en 1882 casi se concreta una auténtica secesión en la Boca. A raíz de una huelga agitada, la Sociedad Italiana resolvió en asamblea que el gobierno argentino no debía mezclarse en cuestiones de genoveses. Luego se izó en un mástil la bandera de Génova y se redactó un acta informando al rey de Italia que acababa de constituirse la República Independiente de la Boca. Dicen que el entonces presidente de la Nación, Julio A. Roca, intervino personalmente para arriar la bandera y sermonear a los cismáticos. En digna respuesta, al día siguiente bautizaron con su nombre una calle del barrio. El episodio no está documentado.* ●●●●●●

como se ve todavía hoy en los viejos puertos de la costa italiana. Total, que el barrio era una ensalada multicolor, un castillo de naipes mal parados, estridente y precario, donde todos se congelaban heroicamente en invierno y se asaban en verano bajo las chapas de lata.

Por supuesto, allí la tierra no valía mucho.

Ningún rico de los que entonces habitaban el barrio sur pasaba por la Boca sin taparse la nariz con un pañuelo perfumado. Debido al bajo precio de los lotes se instalaron fábricas que, por despedir olores y residuos desagradables, quedaban proscriptas de las zonas urbanas. También se acomodó el basurero que recibía todos los desperdicios de la ciudad; y el matadero, que se trasladó a la Boca desde su primitivo lugar de Plaza Constitución. Los saladeros y curtiembres aportaron lo suyo a la fetidez ambiente.

Como se sabe, el olfato tiene una memoria muy breve, y por eso los boquenses respiraban tranquilamente allí. No obstante, esto fue motivo de preocupación por parte de los sucesivos gobiernos; hacia 1888 el intendente de Buenos Aires denunciaba la insalubridad del lugar y clamaba ya porque se limpiaran las aguas del Riachuelo que dos por tres se desmadraban con su ejército de bacilos.

Este arrabal perfumado tenía un idioma cuasi oficial que era, naturalmente, el genovés.

A tal punto este dialecto contaminó el habla local que, según escribe un cronista de *La Patria* a principios de siglo, "los hijos de los dálmatas hablan todos genovés, y también los hijos de los turcos y de los negros norteamericanos, las familias de las Apulias, todo el mundo. Esos ligures que nos rodeaban y que nosotros creíamos que eran genoveses, eran argentinos nacidos en la Boca, sin la más lejana idea de Italia, sin un recuerdo de la patria de sus padres. Ciudadanos de la Boca y nada más. Lo divertido era que esos buenos pescadores y estibadores se divertían con nuestro asombro... Carboneros, changadores, fruteros, fabricantes de macarrones, todos ellos hablaban el xeneise".

Por supuesto, la comida también ofrecía su matiz particular.

Las exquisiteces ligures se conocían por su nombre propio: filet de anchoas a la *cornabuggia*; tallarines al *zugo cu'infussi*; *rostu a'u lardu*; *stocafiscio acomodou a xeneise*. Los napolitanos atacaron con la pizza; los del centro con las pastas y los del norte con la polenta. Como en la Lombardía, ésta se comía con pajaritos; aunque las aves eran una delicadeza importada del centro y los suburbios elegantes: hasta entonces las palomas que adornaban las plazas y quintas se pensaban como fuente de placer para la vista y no como alimento para la boca dispuesto en una fuente. Los italianos introdujeron esta variante utilitaria.

Total, que en las fondas del puerto, donde anclaban los marineros hambrientos, se desplegaba un sinfín de aromas deliciosos, matizados, eso sí, con los propios del Riachuelo.

Cuando acabó el siglo los laboriosos italianos ya habían mejorado un tanto la fisonomía del barrio. Ausonio Franzosi, en su trabajo *Los italianos en la Argentina*, da una visión de la Boca, antes y después:

"Un revoltijo de casuchas, chozas y barracas de madera colocadas sobre altos pilotes y comunicadas entre sí mediante puentecitos levadizos. Calles fangosas y sucias y un muelle de madera de cerca de dos kilómetros, a lo largo del cual anclaban confusamente barcazas, tartanas, goletas y algunos bergantines con el palo achaparrado... Este era el puerto de refugio y de fondeo de esa innúmera flotilla que transportaba leños, piedras, arena para la construcción de las provincias litorales, naranjas y bananas del Paraguay, y granos y harina de la mesopotamia argentina... Se ha transformado ahora, como por encanto, en un suburbio populoso y **casi** limpio al que no se le ha podido borrar ese carácter peculiar que hace creer a quien lo visita que se halla en el puerto de la Liguria. Negocios, hosterías, casas de cambio, pequeños teatros, almacenes, depósitos de mercadería, bodegas de todo tipo, que pertenecen en su mayor parte a genoveses o sus descendientes, orgullosos de serlo y fieles a la lengua que llaman *padre-lingua*. Es milagrosa la transformación actual de esa especie de campamento lacustre: calles amplias y empedradas, casas limpias, depósitos importantes... y muelles de piedra a lo largo de los cuales barcos colosales descargan sus amplias bodegas..."

Es que al igual que otras comunidades, los italianos se dieron instituciones progresistas, espacio para la cultura y las conquistas sociales.

La Unión de la Boca, de 1877, y la General San Martín, una logia masónica de 1875, nuclearon a los residentes con finalidades de ayuda mutua.

En el seno de otra entidad similar, la Sociedad Italiana, el genovés Tomás Liberti fundó en 1884 el cuerpo de Bomberos Voluntarios; agrupación de capital importancia en un lugar donde las casas de madera y zinc ardían como fósforos y el fuego se extendía a los depósitos inflamables con amenaza de catástrofe total.

El incendio del debut fue un éxito público. Los *pompieri volontari* acudieron en auxilio de un inquilinato en dos carros tirados por caballos, uno con la escalera, otro con la bomba, y un pequeño carromato de apoyo. Los uniformes, muy vistosos, eran iguales a los de los soldados del Real Ejército Italiano. La comunidad aplaudió con fervor a los arrojados servidores públicos, alentándolos por sus nombres de pila, ya que eran todos vecinos de por ahí.

La Boca también tuvo periódicos desde donde se comentaban los sucesos del mundo y los de la otra cuadra. *El Ancla* fue el primero, aparecido en 1875. Le siguieron otros con títulos igualmente inevitables: *Cristoforo Colombo*, *El faro del Riachuelo* y *El suspiro*, que duró lo previsible.

Los domingos la familia se componía para ir al teatro o a escuchar a la orquesta de la Sociedad Filarmónica Giuseppe Verdi, formada, como el cuerpo de bomberos, por animosos lugareños. En la sala Dante Alighieri, que se creó en 1883, asistían a la representación de tragedias formidables, lo mejor del repertorio dramático italiano. Las matronas salían llorando, no tanto por las desgracias que padecían los protagonistas cuanto por la nostalgia de la patria lejana que esos textos en idioma natal les provocaba. En el Ateneo Iris se alternaba la ópera con las reuniones políticas; unas veces se cantaba *Aída*, y otras se hablaba de la cuestión social. Estos encuentros, a los que asistían hombres solos, estaban mostrando ya la otra cara del progreso, el descontento por la miseria que se gestaba en las orillas de toda esta actividad productiva.

Entre los inmigrantes italianos había muchos exiliados políticos. Venían de las luchas de 1830 y 1848; eran carbonarios, mazzinianos, masones, socialistas y anarquistas. Oriundos en su mayoría de Florencia y de la región central de Italia, los anarquistas entraron al país burlando a las autoridades. Como los españoles, centraron su prédica en la ciudad de Buenos Aires, pero lograron extenderla a Córdoba, Santa Fe, Rosario, Bahía Blanca. La policía los ahuyentaba y amenazaba con mandarlos de vuelta a su tierra; al punto que en 1897 se llegó a un acuerdo con Italia para que informara de la filiación política de los que llegaban al Río de la Plata.

Los periódicos anarquistas, muchos de ellos escritos en italiano, tenían nombres sugestivos: *El Perseguido*, *La Protesta Humana*, *El Rebelde*, *L'Avvenire*, *Nuova Civiltà*, *Solidaridad*, *Il Pensiero*. Aparecían cuando sus promotores lograban reunir entre los simpatizantes a la causa las monedas necesarias. Se repartían furtivamente, como material pecaminoso, y no había sanciones para quien se guardara el dinero recaudado si el hambre de sus hijos así lo demandaba.

En los humosos centros clandestinos y las sociedades de resistencia —varias de ellas ubicadas en la Boca— iban a gestarse los primeros sindicatos. En esos sótanos se discutían las propuestas para una sociedad nueva, justa e igualitaria. Los textos de Bakunin y el príncipe Kropotkin se leían como en misa, mezclados con discursos vibrantes reclamando la demolición de todo lo que representara el poder: los gobiernos, la policía, las cárceles, Dios, el Papa, la Iglesia, los burgueses, los patrones, la falsa moral, la propiedad privada. La mujer no debía estar sometida al hombre, ni el amor embretado en una libreta de matrimonio. Sin amos, cada ser humano era dueño y responsable de sus actos. Eduardo Gilimón, un anarquista catalán de fines del siglo pasado, pinta así una escena en un centro político:

"En esto, una voz clara y fuerte empezó a entonar la primera estrofa del 'Hijo del Pueblo', himno anarquista de vibrantes notas y de versos violentos, demoledores. Todo un himno de batalla. Contagiados los demás, acompañaron al iniciador y un coro de doscientos hombres enardecidos hizo retumbar la casa atrayendo a los transeúntes y vecinos no acostumbrados ciertamente a serenatas de aquella especie.

"Cuando la última nota vibró en la estancia, una formidable salva de aplausos aprobó el canto. Eran los mismos cantantes, quienes desbordando de entusiasmo, aplaudían. Y como si el programa hubiese sido trazado de antemano con escrupulosidad, millares de hojitas sueltas volaron por el aire, cayendo sobre los concurrentes que se apresuraron a leerlas. Eran pequeños manifiestos en que se reivindicaba para los anarquistas el derecho a conmemorar el aniversario de la Comuna de París, hecho violento y por lo tanto antisocialista, anárquico... Los socialistas protestaban... Se oían insultos, imprecaciones, amenazas. Se discutía en castellano, en italiano, en francés. Aquello era una Babel...

"El escándalo fue aumentando cada vez más. En lo más agudo, sonó un tiro y la concurrencia se precipitó hacia la calle... Cuando los agentes de policía llegaron, apenas si pudieron detener a una docena de personas. Los bancos habían sido volcados, la mesa tenía una pata rota y el suelo estaba cubierto materialmente de manifiestos pisoteados."

En 1885 conmovió a la comunidad italiana y preocupó a las autoridades la llegada al país del célebre teórico anarquista Enrico Malatesta. Actuó aquí durante cuatro años. Su prédica desde el periódico *La Questione Sociale* avivó el fuego libertario. En el terreno sindical ganó espacio sobre los socialistas, a quienes acusaban de adormecer al proletariado con sus métodos de lucha legalistas y pacifistas. Malatesta fue quien organizó en 1887 el gremio de los panaderos.

La huelga era el principal método de protesta. Entre los años 1868 y 1894 pararon los tipógrafos, zapateros, ferroviarios, carpinteros, albañiles, sombrereros, yeseros. Otros anarquistas proponían recursos más violentos, como el asesinato político o una buena carga de nitroglicerina puesta en sitio adecuado. La muerte del jefe de policía Ramón Falcón y el atentado al presidente Quintana en la primera década de 1900 iban a señalar la máxima virulencia del accionar anarquista.

Manifestantes callejeros y policías se trabaron en batallas campales hasta muy entrado este siglo. Las manifestaciones terminaban a sablazos y tiros. Los anarquistas reivindican la primera muerte del movimiento obrero argentino: un trabajador, Budislavich, murió de un balazo el 1º de Mayo de 1901 cuando un alambrado detuvo su huida frente a una carga policial.

La llegada del yrigoyenismo al poder y el nacimiento de una clase media, también de origen inmigrante, eclipsó la prédica y el accionar de los anarquistas. Pero en la época que nos ocupa, sus propuestas prendieron entre muchos extranjeros —poco entre los criollos— con la misma facilidad que las mechas de dinamita. ¿Y eso por qué?

Las industrias de Buenos Aires, aunque en crecimiento, no podían absorber tanta mano de obra que desembarcaba en el país. En 1887 había en la ciudad poco más de 6000 establecimientos que ocupaban a 3 ó 4 obreros cada uno. Sumado a las malas condiciones de trabajo, se agregaba el hecho de que el sueldo se iba deteriorando a medida que el oro aumentaba de precio: mientras el costo de vida crecía en relación a los precios de importación calculados en oro, el obrero, al que se le pagaba en papel moneda, cobraba cada vez menos.

Los gruesos contingentes de italianos que dotaron de peones a las empresas ferrocarrileras del interior, no lo pasaban mejor.

Un artículo de la revista *Caras y Caretas*, ya de 1904, describe su situación:

"Por lo general todos ellos vienen de Sicilia, Calabria y Nápoles. Desembarcan y en seguida son internados por las mismas empresas. La vida, desde su iniciación, les ofrece aspectos totalmente diversos a los de la vida europea... Tanto en invierno como en verano usan carpas de lona de una altura de 2 metros o más, y de unos 3 metros de ancho y de largo. Allí habitan de tres a cinco peones instalados en catres o simplemente 'linyeras'. Estos hombres ganan $ 2,55, de los cuales les descuentan 60 centavos para la comida compuesta de café negro y pan por la mañana, minestrón y puchero al mediodía, y sopa y asado por la noche. Además tienen que pagar $ 0,05 cada uno para la caja de socorros mutuos, prestándosele médico, botica y una parte del jornal en caso de enfermedad. Algunos, de los más calaveras, gastan $ 0,20 por día en vino que les expende el cantinero."

En la ciudad, el que no tuvo trabajo estable ambuló picoteando ocupaciones transitorias o se convirtió en sirviente, vendedor al paso, rufián y traficante de cualquier cosa. Los hijos de italianos de la Boca, apenas llegados a la adolescencia, se hicieron dependientes de almacenes o tiendas, lustrabotas, aprendices de panadero, carpintero o zapatero.

En la combativa y pujante barriada portuaria, la familia entera laburaba —de *lavorare*, se entiende— con los dientes y el cinturón apretados. Sobre todo cuando la huelga paralizaba al jefe de familia, como ocurrió con la de los estibadores de 1896. Huelga célebre, organizada por una Sociedad de Resistencia, que detuvo por completo el movimiento del puerto y alcanzó repercusión en Montevideo, La Plata y Ensenada.

Pascalino

•••••• *"Es uno de nuestros calabreses más distinguidos y al mismo tiempo el verdulero más popular del barrio de La Piedad, cuyas calles recorre diariamente con su carro de mano desempeñando alternativamente el papel de caballo de tiro y el de comerciante al menudeo.*

"Es una especie de guión tirado desde la elegante casa de familia hasta el modesto cuarto de conventillo, y él nivela, tuteándolas, a la empingorotada dama a quien le falta de repente algún ingrediente para preparar un plato improvisado, con la cocinera sin trabajo, que para no perder la costumbre y asentar la mano, se sisa a sí misma cinco centavos del clásico puchero.

"Con su galerita terciada sobre la oreja, sus pantalones y su saco deshermanados, que de puro corto ya casi ni se saludan, va de puerta en puerta asomando su cara de doble sentido —pues desde la boca para arriba parece ser un flaco melancólico y desde el mismo punto para abajo un gordo divertido—, y grita con doliente voz de falsete que filtra como en chorritos como a través de una mascada cosmopolita, verdadera asamblea de puchos callejeros:

"—¡Se me caen los pantalones... ay... se me caen los pantalones!

"La frase pregonera, que más parece anunciadora de catástrofes escandalosas, ya no llama sin embargo la atención de la clientela: todo el barrio la conoce y sabe que traducida al criollo quiere decir simplemente:

"—¡Señora! ¡Aquí está Pascalino!

"Y convocadas por ella salen las compradoras a la puerta, quiénes francamente, y quiénes con un gracioso recato revelador de escrúpulos sociales muy recomendables, mientras otras entablan su negociación desde el descanso de la escalera, obligándole a viajes frecuentes hasta el carrito que le permiten desplegar las gracias de su

•••••• *porte..."*

(De *Salero Criollo*, de José S. Alvarez, "Fray Mocho".)

Pocos años después la circunscripción de la Boca llevó al Congreso Nacional el primer diputado socialista: un joven de chambergo y bigotes llamado Alfredo Palacios.

¿Qué aspecto ofrecían entonces los otros sectores de la ciudad?

En la década del '70 empezaron a verse en Buenos Aires los tranvías, notables artefactos rodantes que constituían el medio de transporte colectivo. Estaban tirados por dos caballos y circulaban a la fantástica velocidad de 10 km por hora, promedio variable según la edad de los equinos y su dedicación al trabajo. No obstante, aportaron un gran beneficio sobre las clásicas carretas.

El *tramway* incrementó el progreso de los barrios al permitir el intercambio fluido con el centro, especialmente cuando se fueron ampliando las concesiones a las empresas de transporte y se extendió la red de líneas. La periferia se volvió menos inaccesible y peligrosa; por eso muchos inmigrantes se desplazaron hacia los alrededores.

La municipalidad reglamentó la circulación de los tranvías. Entre otras cosas, debían exponer los horarios de salida en las estaciones terminales; en la práctica, debido a la escasez de coches, pasaba uno por hora. También se dispuso que cada pasajero debía tener su asiento, pero en las horas pico eso jamás se cumplió. La dotación se componía de un guarda, el mayoral que guiaba los caballos, y el cuarteador, encargado de enganchar más animales cuando el tranvía trepaba una cuesta. Mítico personaje éste, habilísimo jinete, que se destacó en el paisaje urbano como una mezcla de gaucho y compadrito.

Una de las líneas, la de los hermanos Méndez, que iba del centro hasta Once, estableció un moderno sistema de alcancías para depositar el monto del boleto. A la hora de contar lo recaudado, aparecieron en la caja botones, piedritas y otros sustitutos del vil metal. Es que si bien fue el medio de transporte utilizado por la clase asalariada, resultaba caro en la medida que el boleto se llevaba hasta el 20% del sueldo de un trabajador. Recién en este siglo, con las líneas ya electrificadas, se transformó en un medio económico. Entonces el tranvía llegó a Belgrano, Barracas y la Boca, enlazando por fin este reducto xeneise con las luces del centro.

Luces de gas, naturalmente, porque recién en 1889 comenzó la iluminación eléctrica en el Parque 3 de Febrero y en el Paseo de la Recoleta recién inaugurados. Estos sitios, y el flamante Jardín Botánico, representaron la excursión obligada de los novios sin plata. Nadie se animba a ir más lejos simplemente porque la ciudad tenía sus límites entre el Riachuelo y Palermo. Flores y Belgrano eran el Tortuguitas de entonces: zona de quintas de fin de semana. A San Isidro se iba de veraneo.

Pero a medida que el norte de la ciudad se hermoseaba, el sur fue quedando postergado.

La oligarquía criolla habitó el sur o Barrio del Alto hasta principios de la década del '70. En 1871 se produjo allí el primer caso de fiebre amarilla, secuela de la guerra del Paraguay. En tres meses murieron dos mil quinientas personas. Los ricos abandonaron prestamente el lugar, considerado insalubre por la peste y las proximidades del Riachuelo. "Nos mudamos al norte", anunciaron. Vendieron sus casas y cruzaron la Plaza de Mayo. Primero se puso de moda la calle Florida y sus alrededores; después la zona de Retiro, Recoleta y más tarde Palermo Chico, donde construyeron mansiones de arquitectura afrancesada.

Las grandes casonas que abandonaron en San Telmo y Montserrat se transformaron en conventillos, refugio de las numerosas familias de inmigrantes. Todo lo que el barrio tenía de elegante se hizo humo. Su antigua sobriedad se trocó en indiscreción, sus medios tonos en estridencias; las últimas trasnochadas de los niños "bien" se cruzaron con los madrugones de los verduleros. Además de los italianos, gallegos, turcos, etc., lo habitaron carreros, cuarteadores y pesados en general.

De hecho, en toda la orilla de la ciudad aparecieron casas de inquilinato. El inmigrante buscaba trabajo y comida de día en el centro; de noche encontró su reducto en los bordes, como encubriendo su pobreza.

Al conventillo se entraba por un zaguán largo y angosto que conducía al primer patio. Allí se asoleaban pájaros canoros y parlantes, gatos, perros e infinitos malvones puestos en macetas, palanganas y ollas agujereadas. Las puertas de las habitaciones cortaban, una tras otra, la monotonía de las paredes; por ellas entraba la luz y el aire, ya que no había ventanas en estas casas "chorizo". Más atrás se extendían otros patios idénticos; hasta el último, donde estaban la cocina compartida y los piletones de lavar sombreados de higueras y magnolias. Este era el lugar de cita obligado de las comadres, mientras los chicos se desparramaban por ahí resolviendo a gritos sus pleitos y los hombres intercambiaban quejas por su suerte en este mundo.

No había forma de sentirse extranjero en tal jaulón. Edades, sexos, razas, idiomas, convergían entre sus paredes cochambrosas; todos con todos, ayudándose u odiándose, en perfecta promiscuidad o santo cambalache. El hacinamiento malsano, la mezcla de trabajadores de todos los oficios —desde los más honestos hasta los más turbios—, el abuso de los propietarios que cobraban alquileres exorbitantes por piezas húmedas, todo esto hizo de estas viviendas lugares indeseables, pero llenos de vida y calor humano. No había privacidad ni formas de ocultamiento. Era una existencia sin cortinas ni disimulos, con todo a la vista y al oído. Los grises, la pacatería, vendrían con la clase media en el siglo próximo.

Muchos conventillos carecieron de los elementos más indispensables, como bocas de agua e instalaciones sanitarias. Se llegó al extremo de disponer de un baño cada sesenta personas. Una habitación era compartida entre seis o siete hombres solos o un grupo familiar entero. Así, llegaron a albergar varias veces lo que permitía su capacidad. Con semejante población, ser dueño de una casa de inquilinato se transformó en un negocio rentable, al punto de que se edificaron algunos como inversión lucrativa.

Los cuartos tenían por lo general 4x4 metros y la altura de

los cielos rasos fue bajando de 4,25m a 2,75m a medida que subía el precio del ladrillo. Para dividirlos, en las horas de descanso y sexo, nada más práctico que un alambre atravesado donde se colgaban cortinas, sábanas y cotines viejos. Ahí mismo cocinaban en braseros los que no querían compartir el fogón común, con lo que quedaban expuestos —¡una vez más!— al riesgo de incendio, al humo, al gas tóxico y al olor a guiso perpetuo.

En la madrugada empezaba el parloteo en esta Babel porteña. Por sobre todos los idiomas campeaba el "cocoliche" de los italianos, una jerga a medio camino entre el español y el dialecto de turno.

El cocoliche quedó incorporado para siempre en el habla popular. El lunfardo de origen carcelario tomó alguno de sus términos y los amoldó al paladar vernáculo generando palabras nuevas. Así nacieron "manyar", de *mangiare* (comer); "yirar", de *girare* (dar vueltas); "fiaca", de *fiacca* (desgano); "biaba", del napolitano *biava* (avena, pienso), "bagayo", de bagaglio (equipaje); "sgunfiar", de *gonfiare* (inflar), etc.

El nombre de este argot ítalo-criollo proviene del de Francesco Cocoliche, un italiano que trabajaba en el circo de los hermanos Podestá y divertía a los artistas con su lenguaje pintoresco. El día que uno de los Podestá decidió imitarlo en escena, el público reconoció fácilmente a un arquetipo de la fauna ciudadana.

Más tarde, los tanos y su media lengua pasaron a ser personajes clásicos de los sainetes. Un cochero de plaza llamado Mateo inspiró a Armando Discépolo para escribir la más célebre de sus piezas. En una de sus primeras obras, *Mustafá*, Discépolo pone en boca del personaje Gaetano una extravagante descripción en cocoliche de la estirpe que nacerá en los conventillos:

"...¿La raza forte no sale de la mezcolanza? ¿E dónde se produce la mezcolanza? Al conventillo. Por eso que cuando se ve un hombre robusto, luchadores, atéleta, se le pregunte bien: ¿A qué conventillo ha nacido osté? ¿'Lo do mundo', 'La 14 provincia', 'El palomare', 'Babilonia', 'Lo gallinero'? Es así, no hay voelta. ¿Per qué a Bonosaria está saliendo esta raza forte? Porque éste ese no paíse hospitalario que te agarra toda la migrazione, te lo encaja a lo conventillo, viene la mezcolanza e te sáleno a la calle esto lindo muchacho pateadore, boxeadore, cachiporrero e asaltante de la madona..."

Varios intentos hubo de erradicar los conventillos y mejorar la vida en ellos, como una suba de impuestos o el proyecto de construir conventillos estatales. Los propietarios se mostraron bastante sordos a la reglamentación de blanquear las habitaciones, abrir ventanas y poner límite al número de personas, lo que condujo a la formación de una Liga de Inquilinos.

En 1907, cuando se quiso trasladar a los alquileres el aumento de los impuestos, se llamó a la huelga. La decisión de no pagar se extendió a ciento veinte conventillos de San Telmo, la

El vero gaucho italiano

Unos versos del poema ***Nostalgia*** *de Francisco Soto y Calvo muestran el esfuerzo de adaptación lingüística de un inmigrante italiano en la zona rural. El resultado es una suerte de "cocoliche campero" que era de uso corriente entre los personajes del circo y cierta literatura popular:*

"—¡Soy buen gauchos yo también!
¡También só cantar milongas!
Y naides me va a correr
Perque golpie en las coronas...

Que el abroco no me estorba,
E no me asustan lo yuyos:
¡Que yo só cantar milongas
Como lo gaucho más criullo!"

Boca, el Centro y poblaciones del interior. Las mujeres se defendieron a escobazos del desalojo que les ponía los muebles en la calle. La huelga se perdió. Los dueños exigieron el pago de los cuatro últimos meses para acceder nuevamente a la vivienda. Todo quedó igual. Las condiciones de vida sólo mejorarían con las obras públicas que la ciudad misma emprendió: el trazado de la red cloacal, el aprovisionamiento de agua corriente y el tendido de las instalaciones eléctricas.

Los sueños de hacer la América se desdibujaron para muchos italianos frente a la realidad del conventillo. No parecía ser la abundancia el destino de los cientos de vendedores de perdices y pescado, floristas, organilleros, escoberos y barrenderos que recorrían las calles. Aunque no faltó el *self-made man* que hizo fortuna habiendo desembarcado con una mano atrás y otra adelante —un típico caso fue el de Pietro Vasena, que llegó a ser dueño de importantes establecimientos metalúrgicos—, la suerte fue huraña con la generación de recién venidos.

Los avisos de la época dan testimonio de sus necesidades y modestos propósitos. Como este que dice: "Joven extranjera se ofrece como ama de leche; criará en su casa y responderá del buen cuidado a la criatura que se confíe; quien la necesite concurra a la Boca al lado de la estación del ferrocarril, una casa pintada con los tres colores de la bandera italiana".

5

Rubios y deportistas

••

"En Bahía Blanca se ha realizado con éxito muy halagüeño la fiesta sportiva organizada por el Club Atlético de los Ferrocarriles del Sur y Pacífico. A las 9 de la mañana, ante millares de espectadores, se dio principio a los diversos números del programa, destacándose en el tiro de pelota de cricket a 100 yardas y una pulgada el Sr. Webb. El salto en alto fue ganado por el Sr. Leahy, salvando con suma agilidad 5 pies y medio. La carrera de 400 yardas fue ganada por el Sr. Sheldon, esfuerzo que provocó una ovación". Así, entre las notas sociales de *Caras y Caretas*, se celebraban las hazañas pedestres de los miembros de la colectividad inglesa.

Como inmigrantes de élite que fueron, los ingleses no se hacinaron en conventillos, ni la emprendieron a palos con las langostas ni a escopetazos con los indios —a excepción de algunos aventureros y colonos sueltos por el interior—. Más bien frecuentaron salones donde ostentaban fineza de modales y musculatura discreta, tanto como para cortejar con ventaja a las hijas de la sociedad porteña mientras trataban asuntos prácticos con sus papás.

Los ingleses en la Argentina fueron, comparativamente, pocos. Inglaterra no alentó la emigración. Simplemente, de manera similar a lo que ocurrió en el resto de sus colonias, envió aquí a los directivos, empleados y técnicos de las empresas que instalaban.

Los primeros llegaron a principios del siglo pasado. Tras su frustrada invasión militar, penetraron comercialmente cuando España perdió terreno en el Río de la Plata. Después del '50, al consolidarse los principios de la economía del libre comercio —teoría que ellos mismos exportaron— los capitales británicos hallaron las puertas abiertas para todo tipo de negocios rentables. Inglaterra *era* Europa, símbolo del progreso civilizador.

Invirtieron en empresas de servicios, como electricidad, gas y tranvías; fundaron bancos y compañías de seguros; otorgaron empréstitos a los gobiernos; especularon con la compraventa de tierras; se hicieron dueños de grandes latifundios donde criaron vacunos y ovejas que abastecían al mercado y a la industria inglesa: instalaron saladeros y frigoríficos... Pero lo más importante fue que también tuvieron el ferrocarril. Éste, trazado en forma de embudo con ramales que convergían en el puerto de Buenos Aires, garantizó el éxito de todos sus otros negocios. Siete mil quinientos kilómetros de vías férreas les dieron la llave del país.

Mientras las economías y pequeñas industrias del interior se debilitaban, los grandes estancieros y sus socios vivían el frenesí de una Argentina que exportaba lana, carne y derivados con ganancias sustanciosas. La materia prima iba y volvía manufacturada a mayor precio. Los resortes de este trueque estaban en manos de las empresas que se piloteaban desde Londres, en cuya Bolsa se cotizaban sus acciones. Un poco de presión ejercida sobre los gobiernos locales bastaba para que sus dividendos crecieran como leche al fuego.

Los custodios de esos intereses, al radicarse en la Argentina, trataron de reproducir aquí los hábitos de la vida londinense, incluidos su maniática adicción al té bueno y al culto deportivo del cuerpo.

El 8 de diciembre de 1864 la colectividad inauguró en un rincón de Palermo el Buenos Aires Cricket Club, cuna del deporte en nuestro país. Pronto le siguieron sus equivalentes en fútbol, tenis y remo. El River Plate Rowing Club organizó la primera regata de remo en el río Luján, donde triunfó graciosamente un bote llamado "El último". En 1867 el Dreadnought Swimming Club lanzó la primera competencia natatoria en las aguas aún no tan contaminadas del Riachuelo, sobre un trayecto de una milla; el ganador del extenuante certamen fue Thomas Hogg, que obtuvo una mantequera de plata, premio nada desdeñable si se toma en cuenta el atavismo del té.

Allí donde se asentó un grupo de familias —Belgrano,

Proa al Sur

•••••• *"Miss Mary X venía de Londres, se había detenido en Buenos Aires sólo para aguardar la partida del transporte, y se dirigía a Río Gallegos, también en busca de una posición social. Iba a casarse. Ella misma nos hizo la confidencia: en la capital del territorio de Santa Cruz la aguardaba su prometido, un inglés, mister M., bien colocado, estanciero, a cuyo lado pensaba ser feliz. Lo conocía desde muchos años atrás, y no lo había visto hacía largo tiempo. El compromiso se contrajo por medio del correo: 'Si usted quiere casarse...' 'Sí, señor; quiero...' 'Entonces venga, que la aguardo...' E iba.*

"Iba sola, defendida únicamente por su valor de inglesa acostumbrada a manejarse por sí misma en el mundo, y por el natural respeto de los demás; los sajones han observado bien y prácticamente: mejor defensa es la educación que el cerrojo, y la mujer modesta y enérgica lleva una égida en que se embota, en medio de la sociedad naturalmente, la grosería y el apetito
•••••• *de los hombres."*

(Fragmento de *La Australia argentina*, de Roberto J. Payró.)

Temperley, Hurlingham o ciudades del interior— los ingleses fundaron el club y la escuela, que asignaba a la actividad física gran importancia. Para su filosofía educativa los juegos al aire libre no sólo desarrollaban el cuerpo sino también las reglas del *fair-play* o ética deportiva, válida para la vida en general, ya que consiste en saber perder con una sonrisa. Entonces no era de caballeros hacer un *goal* con la mano ni arrojarle objetos al *referee*.

Muchos de esos colegios existen todavía. Estaban regenteados por algún educador pionero que al morir trasmitía el mando a sus descendientes, para seguir velando, desde el retrato, por las líneas y métodos de la enseñanza inglesa. Los directivos y profesores, traídos de Inglaterra, vivían en casas dentro del predio de la escuela. Como los alumnos eran pupilos, se formaba una comunidad de vida muy integrada donde reinaba cierta familiaridad y humor, permitidos sólo sobre la base de que la autoridad del director era inapelable.

Dentro de los mismos colegios se celebraban los oficios de la iglesia protestante, a los que asistía la familia completa. En capillas sobrias, sin santos, sin adornos barrocos, apenas una cruz, los feligreses se entregaban a la lectura de los textos bíblicos, a la oración silenciosa y a los himnos de grave espiritualidad.

En el club, los fines de semana, la colectividad se aflojaba los moños; aunque nada en su vida se libraba de cierta tendencia al orden.

Solía haber un salón reservado para hombres solos, donde los casados jugaban a las cartas y a los dados, tiraban al blanco con dardos y bebían con unción. En fin, que se aburrían felizmente, lejos por un rato de sus mujeres que tenían terminantemente prohibido el acceso al recinto.

A la tarde se servía el té para todos, tarea rotativa asignada en forma anual a una familia, que la cumplía con todo esmero. A las cinco en punto las damas desplegaban un sinfín de mesas, sillas, manteles, tazas, platos, jarras y teteras, más *scons*, *puddings*, tostadas, dulces y toda clase de delicias caseras. El objeto dominante, símbolo del ritual, era el cubretetera tejido, con forma de gallina, faisán, perro, casa, flor, muñeca o canasta, todo decorado como una pieza de repostería con bordados y apliques en puntos dificultosos. En estas maravillas, concierto de delirio plástico y labor de aguja, ponían su empeño las jóvenes casaderas.

Después del té todos volvían a la práctica del deporte, menos, por supuesto, la extenuada familia encargada de lavar todo ese ejército de loza fina.

La existencia de los ingleses se desarrolló en las estancias o en amables zonas suburbanas, donde levantaron barrios enteros de casas muy semejantes entre sí. Amplias, luminosas, llenas de madera, cortinas, cortinitas, alfombras y carpetitas, plantas y flores. Amaban la jardinería, por lo que tanto sus casas particulares, como el cementerio, el Hospital Británico, los clubes y escuelas tuvieron grandes espacios verdes, muy arbolados, con césped de peluquería. Ellos inventaron el *garden party*, la canasta de picnic, los paseos en bicicleta.

Es evidente que no se trataba de inmigrantes que venían a "hacer la América". Exceptuando a los estancieros y directivos de empresas, los demás fueron empleados de clase media que llegaron con el respaldo de un trabajo asignado en funciones administrativas, técnicas o de educación. Contaban con un prestigio previo, ya que en la Argentina no sólo se alentaron sus inversiones en lo económico, sino que en materia de cultura, moda, idioma y maneras, lo inglés —como lo francés— era lo "más".

Para Alberdi había que encabezar nuestras constituciones convocando a "la inmigración libre, la libertad de comercio, los caminos de fierro, las industrias sin trabas..." Y decía: "El idioma inglés, como idioma de la libertad de la industria y del orden debe ser obligatorio, porque ¿cómo recibir el ejemplo y la acción civilizadora de la raza anglosajona sin una posesión general de su lengua?".

Partidario de colmar a las empresas extranjeras de ventajas y privilegios, para tener ferrocarriles sugirió "negociar empréstitos, empeñar las rentas y bienes nacionales" si fuera necesario. Su propuesta no cayó en saco roto, y los ingleses respondieron prestamente a esta generosidad.

Sería largo historiar la presencia del capital inglés en la Argentina y la influencia que tuvo en nuestra vida económica el hecho de que las ferrovías hayan estado en manos de compañías británicas. Largo tema de debate que se actualiza en el terreno político cada vez que se habla de privatizar la empresa pública.

El primer ferrocarril fue argentino. Con los años sería inglés.

Una carta

Calle Sarandí 58
Buenos Ayres
14 de junio de 1880

Querido padre:

Supongo que usted ya sabrá que en Buenos Ayres hay Revolución. No se imagina cómo ha cambiado todo en pocos días.

Hermosas calles florecientes están ahora destruidas por barricadas, trincheras y zanjas. No sé cómo va a terminar esto: anoche hubo escaramuzas a pocas cuadras de aquí y entre los muertos está el Gral. Lagos (uno de los mejores oficiales del Gobernador Tejedor).

El destacamento recluta hombres día y noche, y los alistan de cualquier nacionalidad que sean mientras no tengan protección otorgada por los cónsules. Es una guerra civil, hermanos contra hermanos y padres contra hijos, sea cual fuere el bando para el que son reclutados, deben luchar por él.

A menos de 100 yardas de la puerta de calle hay una barricada y un pozo muy profundo lleno de agua. Si ocurriera lo peor, podríamos escapar a otra calle por la puerta del fondo.

Quieren rendirnos por hambre, pero la mayor parte de la gente, nosotros entre ellos, nos hemos abastecido de

Pero la primitiva Sociedad del Ferrocarril del Oeste fue una concesión del gobierno provincial a un grupo de empresarios criollos. En 1856 la obra estaba en plena marcha.

Se trajeron de Europa un ingeniero, varios técnicos y ciento setenta obreros especializados para ponerlo en funcionamiento. En Inglaterra se compró el material fijo y rodante, y se contrató a los hermanos John y Thomas Allen para que condujeran la lo-

••••••

provisiones. En todas las iglesias se reza por la paz, pero por ahora no hay esperanzas. Por supuesto, el país está arruinado.

Espero que esto termine sin que nos roben o maltraten. Hay tres buques de guerra británicos en el río, y creo que también hay uno alemán, uno italiano y uno francés, de manera que contaremos con alguna protección.

No dudo de que esto se calmará pronto, y el año próximo iré a visitarlo y llevarle a su nietita. Sé que estará orgulloso de ella.

Su afectísima hija

Agnes Hoare de Walsh

Texto incluido en el libro ***Novios de antaño****, de María Elena Walsh, editado por Sudamericana. La carta pertenece a la abuela de la escritora, Agnes Hoare, quien llegó como inmigrante a la Argentina en 1872. Inglesa, casada con un irlandés empleado en la compañía de tranvías, trabajó como gobernanta de los hijos de un cónsul. Con un lenguaje que revela buen grado de instrucción —cosa infrecuente en las mujeres de esa época— expone preocupaciones domésticas sobre un fondo político: los cruentos episodios que enfrentaron al gobernador de Buenos Aires, Carlos Tejedor, con las tropas nacionales bajo la presidencia de Avellaneda. La derrota de Tejedor culminó con la ley de capitalización de Buenos Aires.*

••••••

comotora Nº 1. Acá se la bautizó "La Porteña", pero era inglesa. Había peleado en la guerra de Crimea resoplando contra los rusos en el sitio de Sebastopol. La "Osa Negra", como la llamaban los soldados, fue devuelta a Inglaterra como material en desuso, y una vez recauchutada nos la vendieron.

Se cuenta que poco antes del viaje inaugural, un famoso cuarteador dueño de caballos sólidos desafió a La Porteña a una cinchada. La bravata creó gran expectativa. Mucho público se juntó en el lugar a la hora señalada para el duelo. Los hermanos Allen ataron una punta del lazo a la locomotora; el retador ató la otra a la cincha de su animal más recio. Tiraron.

Ante el asombro de la multitud La Porteña empezó a retroceder arrastrada por el caballo. Griterío, aplausos, voces de aliento para el jinete. ¡Ah, pingos son los nuestros! Pero cuando la locomotora estaba a punto de tocar la raya decisiva, la broma terminó. La Porteña pitó, bufó y arrancó impetuosamente hacia adelante. El caballo primero se sentó; después rodó con dueño y todo.

La anécdota bien puede tomarse en todo su valor simbólico. Entre el vapor y la tracción a sangre no quedaba mucho por dudar. Mientras la mitad del público guardó silencio, la otra mitad aplaudió embelesada. Gravemente, un mito se imponía. La Argentina entraría en la modernidad por la trocha angosta. Los últimos románticos poetizaban que la luz de la locomotora surcando nuestras pampas iba a acabar para siempre con la superchería de la luz mala.

De las islas del Norte también llegaron a la Argentina los irlandeses.

Simplificando, se puede decir que a aquéllos los expulsó la papa.

Para la población de Irlanda la papa era el alimento base. Las grandes hambrunas motivadas por las malas cosechas que se produjeron a mediados del siglo pasado los obligaron a emigrar en masa. Marcharon a los Estados Unidos, Canadá, Australia y América del Sur.

Entre nosotros, ocuparon territorios de la provincia de Buenos Aires; primero el sur (Cañuelas, Chascomús) y luego el oeste (Mercedes, Suipacha, Luján, San Andrés de Giles, Chacabuco y Bragado). No eran muchos. El pico de inmigración se produjo entre las décadas del '40 y '60, y las cifras más optimistas hablan de veinte mil durante todo el siglo pasado.

Su llegada coincidió con la introducción del ganado ovino en una pampa que hasta el momento no había dado sino puras vacas.

Antes de los años '40 el principal producto de exportación era el tasajo. Las ovejas permitieron a la Argentina entrar a competir mundialmente en la exportación de lanas. También su carne se vendía afuera. Los irlandeses —como los ingleses y los galeses— fueron protagonistas de esta brillante actividad. Hasta aquí llegaron para trabajar como peones o medieros si no tenían plata; a cuidar ovejas como aparceros o arrendatarios si contaban con algunos ahorros; o a instalarse como estancieros si, con capital y créditos, habían logrado adquirir campos. La meta —que algunos alcanzaron y otros no— fue siempre poseer la tierra con sus correspondientes animales.

La vida de estos inmigrantes se desarrolló únicamente dentro de la comunidad, fieles al principio de que para ayudar a un irlandés nada mejor que otro irlandés. Y por encima de todos ellos, como abrazando amorosamente el redil para que no se dispersaran, actuaron los sacerdotes católicos. Entre ellos, el legendario padre Fahy.

Un compatriota lo evocó así:

"Benditos sean aquellos tiempos cuando el padre Fahy partía de (la ciudad de) Buenos Aires a caballo para visitar a su rebaño de fieles desperdigados. Frecuentemente galopaba de cuarenta a sesenta millas por día, cambiando caballos cuando se le presentaba la oportunidad. Muchas noches dormía en su recado envuelto con su poncho, con el techo de paja de algún rancho sobre su cabeza y a veces nada más que el estrellado cielo de la pampa. Muchas de sus comidas las comía (en lugares) donde el huésped debía tomar la carne con los dedos y usar su propio cuchillo de campo como mejor le pareciese."

Desde 1844, cuando vino, a 1871, cuando murió, este personaje fue el corazón, el cerebro y la ligadura de toda la comunidad irlandesa. En 1856 llegaron monjas y capellanes para ayudarlo en la misión. Pero hasta esa fecha, él solo, ubicuo e infatigable, se las ingenió para bautizar, confesar, casar y enterrar a una grey que estaba desparramada a lo ancho de cientos de kilómetros de campo raso. Si alguien cumplió a destajo el rol de pastor, ése fue el padre Fahy.

En Buenos Aires se desempeñó en la capilla San Roque y en la iglesia de La Merced. Todo irlandés recién llegado se refugiaba a la sombra de su sotana de dominico, y él mismo se encargaba de instalarlo en la pensión de un compatriota, encontrarle ocupación e introducirlo en la colectividad, donde era más conocido que el té.

Cada tanto Fahy montaba a caballo y emprendía una excursión a su feligresía, dispensando servicios espirituales en capillitas desvencijadas o altares improvisados en el medio del campo. Ante visitas tan espaciadas se acumulaban los pecados, por lo que pasaba el día entero confesando. Pero no era su única misión salvar almas.

Su experiencia, el lúcido panorama de la situación que le daba tanto kilometraje recorrido, le permitió ofrecer consejos, remendar conflictos, trasmitir noticias, armar casamientos y ocuparse de mil asuntos carnales, como por ejemplo lograr que los irlandeses ricos les prestaran dinero a los irlandeses pobres. Fahy mismo dirá: "Yo soy cónsul, jefe de correos, juez, intérprete y proveedor de trabajo para toda esta gente".

Como la mayor parte de los inmigrantes —sobre todo en las primeras décadas— eran hombres solteros y jóvenes, no resultaba difícil para las irlandesas que se aventuraban hasta aquí encontrar un marido adecuado. Adecuado era un marido irlandés, y ningún otro. Ni las mujeres ni los hombres se cruzaron entonces con los criollos. A las damas se les aconsejaba: "No beban agua que no haya sido hervida previamente, y en ninguna circunstancia caminen al sol... No salgan sin compañía; no se puede tener confianza en los *natives*".

Prejuicios semejantes contribuyeron a mantener cohesionado el grupo. Y en concertar bodas ponía todo su empeño el sacerdote, tal como lo cuenta el cronista:

"Benditos sean los viejos tiempos cuando los muchachos, habiéndose establecido relativamente bien en el campo, venían a Buenos Aires a buscar esposa. En este caso nuevamente el bueno del padre Fahy resultaba el amigo al que podía recurrirse. Él conocía a todas las chicas casaderas de la ciudad, sabía de qué lugar de Irlanda venían, y conocía el tipo particular de muchacho del cual cada una de ellas haría la mejor esposa; y así las uniones se celebraban en el cielo y en la tierra."

Los sacerdotes que vinieron posteriormente continuaron con esta misión. Uno de ellos sermoneó así a su feligresía en pleno campo: "Es la primera parada en que no tengo que celebrar un casamiento. Dos, tres y cuatro es a lo que yo estoy acostumbrado. ¡Qué es lo que pasa con las mujeres de este partido!".

Los casamientos, como los velorios, eran además las ocasiones para renovar los lazos de la vida social.

En las bodas la familia convocaba a todos los compatriotas del distrito; sólo en contadas ocasiones un *native* era admitido en estas fiestas. Un selecto grupo de parientes acompañaba a los novios al pueblo, donde por la mañana muy temprano se realizaba la ceremonia. Cuando el grupo volvía a la casa, los invitados periféricos ya los estaban esperando en la mesa del banquete, tenedor en mano. Después del almuerzo y los brindis empezaba el baile, que seguía toda la tarde, la noche y algo más. Bailaban con ruidoso fervor, todos apiñados en las pequeñas casas. Al amanecer se jugaba a la taba y se cumplían apuestas concertadas durante la noche: un par de mozos medían su habilidad de jinetes en una pista improvisada. Sobre el final, los novios rumbeaban hacia su domicilio acompañados por un cortejo de amigos entusiastas que iban quedando a un costado del camino como tributo a lo mucho bailado y bebido.

Otro de los puntos de reunión fueron las carreras de caballos, deporte sacramental de los irlandeses. De ahí que, a medida que la comunidad prosperaba, fundaron *racing clubs* en varias localidades.

Por 1860 las carreras se celebraban a la usanza de la vieja Irlanda: con carpas en el terreno, banda de música, bailes y puestos de toda clase. Un sacerdote inauguraba la fiesta advirtiendo a

Oficios femeninos

En el caso de las mujeres irlandesas, y entre tanto no se casaran con algún connacional ya establecido, las oportunidades eran muy restringidas. En una novela de Katheleen Nevin uno de los personajes, la dueña de una pensión, dice a un grupo de recién llegadas: "Queridas mías, en general sólo hay tres posibilidades. Está el servicio doméstico... no, no, mi querida Besie, no estoy sugiriendo, sólo estoy enumerando; aunque sin embargo, muchos de nuestros compatriotas han aceptado complacidos cualquier cosa, y debes recordar que en este país se supone que todos somos iguales, esto es, hasta que alguno de nosotros hace algo de dinero. Bien, en segundo lugar hay puestos de gobernantas, y por último, a veces hay posibilidades de emplearse en una o dos escuelas selectas". En otro fragmento del libro un capellán irlandés afirma: "Las mujeres no hacen dinero ni en este país ni en ningún otro. Dejan eso a sus maridos".

la gente sobre los pecados del ocio y el exceso de bebida, y les recomendaba mantener la paz y el orden en mérito al buen nombre y honor de su raza. Las carreras duraban dos días, pero la kermesse y el baile se prolongaban una semana. Era la ocasión para mirar y ser mirado, cortejar, lucir destreza y apostura.

Todos los hombres de edad usaban barba; los jóvenes, bigote. Los mayores solían ser granjeros rubicundos, de contextura vigorosa; los muchachos, altos, bien plantados, flacos y vestidos con sensatez: botas de caña alta y lustrosa, pantalones amplios, chaqueta corta, chambergo y pañuelo de seda atado al cuello. Entre las mujeres sobresalían las pelirrojas de cachetes colorados; aunque se asaran en el medio del campo, llevaban severas chaquetas negras y jamás se sacaban el sombrero en público.

Además de los sacerdotes, hubo otro personaje clásico entre estos primeros inmigrantes irlandeses: el maestro ambulante.

La aparición de esos extraños sujetos tuvo un motivo comprensible: cuando los extranjeros se afincaron en el país dentro de colonias con límites precisos, un maestro bastaba para atender a toda la prole del grupo; como los irlandeses estaban diseminados, contrataron maestros y los instalaron en sus casas.

Los mismos cronistas reconocen que estos individuos no eran, por lo general, las personas más adecuadas para formar niños. Ciudadanos indeseables, fracasados en todos los oficios, hombres de escasa instrucción, desertores de barcos ingleses, marginados sociales por su afición a la bebida, tales fueron muchos maestros de campo. En definitiva, los menos peligrosos resultaron los trotamundos que enseñaban unos meses aquí y otros más allá, simples etapas de descanso en su vida aventurera, y que desaparecían de golpe sin dejar más huellas que un alfabeto enseñado a medias.

Es justo mencionar que hubo también hombres valiosos, de moral intachable; pero suponemos que no tan divertidos para los educandos.

Si el maestro era joven, debía trabajar codo a codo con su empleador en las tareas pesadas del campo, y enseñar sólo cuando no había otra cosa que hacer. Si era viejo o débil para encargarse, por ejemplo, de la limpieza del chiquero, bastaba con que ayudase durante el baño, la marcación y la esquila de las majadas; y si no era época para estas operaciones, la dueña de casa le encontraba ocupación rápidamente en la cocina o el *bricolage*. Se esperaba que tuviera conocimientos de carpintería, pintura, zapatería, jardinería, albañilería... casi siempre el maestro se rebelaba alegando que eso no figuraba en su contrato, pero con insinuaciones y súplicas, algo obtenían de él.

No sorprende que su salario haya sido igual al del peón de campo. Dormía en la casa, compartiendo el dormitorio —que era también aula— con alguno de sus alumnos mayores. Tenía caballo y montura propios, unos pocos bártulos y *a veces* libros que no trataban de nada en particular. A los fines de la enseñanza impartida —leer, escribir, hacer sumas— daba lo mismo que el libro fuera una novela, la historia de un santo o un tratado sobre la vida de las hormigas. El solo hecho de poseerlo legitimaba su condición de maestro.

Se dice que en general eran buenos en ortografía, conocían los rudimentos de la gramática como para distinguir las partes de la oración, escribían con letras adornadas, y solían abrirse camino entre las telarañas de la aritmética lo bastante bien como para mantenerse por encima de sus alumnos más avanzados.

De todos modos, los padres de los pequeños irlandeses no parecían tan interesados en estos conocimientos mundanos como en que sus hijos recibieran educación religiosa. Aprender el catecismo era de primera importancia para un grupo cuya unidad se gestaba en torno a la iglesia católica. Tampoco en ese rubro se lucieron los maestros: muchos de ellos, de nacionalidad inglesa o norteamericana, eran protestantes, agnósticos o ateos.

En resumen, la virtud más notable que tuvieron fue que nunca paraban en una misma casa el tiempo suficiente como para influir decisivamente en el alma de sus alumnos. Los padres respiraban aliviados cuando desaparecía, contentos de que al menos no hubiera inficionado a la familia con sus malas prácticas y peores ideas. Pero quedaban con la conciencia en paz: aquello era lo más parecido a un maestro que se podía conseguir en esos sitios. Además, tales personajes les garantizaban que todo lo desaprendido era en inglés y solamente en inglés: para seguir siendo un irlandés puro, era preferible no aprender castellano.

Pese a los inconvenientes de la dispersión, la obstinada comunidad se desarrolló en lo económico, asistencial y cultural.

En la ciudad y el campo fundaron clubes, colegios, capillas, bibliotecas, un hospital, un orfanato, una sociedad de damas piadosas, y en 1875 un periódico, el *Southern Cross* (Cruz del Sur) que hasta hoy sigue siendo la voz de los irlandeses, perfectamente recortada del resto de los angloparlantes.

Detrás de todas estas iniciativas, en los directorios de las instituciones, en sus comités y listas de donantes, se encuentran siempre los mismos apellidos: Ham, Casey, Duggan, Dillon, Garraham. Eran los hombres influyentes; los que habían ganado fortuna y prestigio en la producción y exportación de lana.

La sociedad se estratificó. A medida que transcurría el siglo fue perdiendo su inocencia pastoril y marcando diferencias. Peón, puestero, arrendatario y estanciero formaron capas de maridaje improbable. En las reuniones no contaban tanto las virtudes de cada uno sino la cantidad de hectáreas y ovejas que tenían. Nadie preguntaba qué había sido en Irlanda; sólo lo que había conseguido aquí. Y buen trabajo costaba pasar de no tener nada a tener algo.

El puestero cuidaba animales en campo ajeno. Contratado por algún compatriota estanciero, el puesto constituía a la vez hogar y sitio de trabajo. Era en realidad un pastor con dos mil ovejas a su cargo; una casa, un terrenito para el jardín y un corral para el rebaño. A veces tenía permiso para carnear; otras, se le hacía llegar carne desde la casa principal. Cultivaba verduras, criaba gallinas y chanchos. El patrón le proporcionaba una vaca, raciones mensuales de yerba, arroz, sal, azúcar y galleta de campo. Su obligación consistía en vigilar las ovejas día y noche, evitar que se mezclaran con otras del mismo campo, curarlas de las pestes y ahuyentar a los perros peligrosos.

Vivía en un rancho de dos piezas sin ventanas, importunado por chinches y pulgas. Si el techo estaba muy bajo, como el piso era de tierra, se nivelaba cavando. Para dormir, un catre de cuero de caballo con un colchón de vellones de oveja y un poncho gastado como frazada. Para iluminarse, una vela de grasa casera metida en el cuello de una botella de gin. Un cajón boca abajo servía de mesa. La ropa, en un baúl viejo. Ni sillas, ni bancos. Tres calaveras de vaca eran los asientos.

Un día de esquila

•••••• *"Cuando llegamos, la casa del viejo Hanrahan estaba totalmente cerrada, 'Bien hecho, hay demasiados extraños dando vueltas en la época de la esquila', explicaron las señoras. Pero si la casa estaba silenciosa y quieta, había en cambio mucho ruido y movimiento en las dependencias, en particular en el galpón, un enorme establo con una ancha puerta abierta en sus dos costados y un techo alto que empequeñecía la vivienda. Muchos caballos pastaban en el corral, y las monturas de cuero de carnero y tela roja colgaban de los cercos y en las ramas de los paraísos. Dos hombres estaban ocupados en el corral entre las ovejas, agarrando a las asustadas criaturas y arrojándolas a los esquiladores. Entramos al gran galpón.*

"Hombres y unas pocas mujeres nativas estaban en cuclillas cantando, silbando y haciendo comentarios, mientras sus tijeras recorrían los cueros agitados y menudos que yacían quietos bajo sus manos. Mesas de tablones con altas pilas de lana estaban ubicadas a lo largo del corral. El aire estaba caliente y pestilente. Los esquiladores sudaban y sus ropas estaban mugrientas, pero todos estaban de buen humor. La mayor parte de ellos eran nativos venidos especialmente para el trabajo." ••••••

(Tomado de Korol, Juan Carlos: *Cómo fue la inmigración irlandesa en la Argentina.* Plus Ultra, Buenos Aires, 1989.)

Pero en los sueños del puestero estaba contar ovejas propias, no ajenas. Y eso se cumplía siempre que se transformara en arrendatario. Es decir, alquilando tierra de otros para explotarla por su cuenta. Entonces todo mejoraba; la casa era de ladrillo, se podía tener una volanta, tomar té y comer pan blanco y cordero a discreción. De todos modos la familia entera trabajaba de sol a sol, especialmente en las épocas de parición y esquila. Aunque ya estaban los peones para ayudar.

Pero el sueño no terminaba ahí, sino cuando el arrendatario podía contar ovejas propias en tierra propia. Entonces se transformaba en estanciero.

En un principio, los hábitos de vida de los estancieros irlandeses se diferenciaron muy poco de los de sus compatriotas menos afortunados. Mientras los terratenientes criollos encargaron a un mayordomo la administración de sus dominios, ellos se ocuparon personalmente de conducir el trabajo y rara vez se ausentaban del campo. La casa era el único signo exterior de la prosperidad. La componía una sola planta baja, muy amplia, rodeada de una galería cubierta donde se enlazaban plantas trepadoras. El interior era inglés, la hospitalidad escocesa y la comida americana.

Sus hijos fueron alejándose del sencillo modelo paterno para acercarse al modo de vida de los sectores adinerados argentinos. Hacia 1880 un Kavanagh o un Duggan se diferenciarán muy poco de un Martínez de Hoz o un Álzaga. Ya para fin de siglo muchos de ellos tenían "casa en la ciudad" donde actuaban como corredores y consignatarios de lana. Estos cambios, sin embargo, no los apartaron de sus deberes de patronazgo sobre la colectividad: el estanciero era empleador, prestamista, albacea, apoderado, testigo, tutor y hasta padrino de bautismo o de boda.

En septiembre de 1897 se inauguró con un gran baile el legendario Jockey Club, seguramente el ámbito más representativo de prestigio social que tuvo la Argentina. Entre sus fundadores aparecen los apellidos de los estancieros irlandeses mezclados con los de los terratenientes vernáculos. Estos contactos se fueron estrechando en reuniones mundanas, en los colegios y la universidad hasta que el grupo de irlandeses acaudalados pasó a formar parte de las familias más notorias de Buenos Aires.

Al finalizar el siglo el país dibujaba su economía sobre la explotación del campo, fenómeno en el que incidió decisivamente la campaña al desierto.

Fuesen estancieros, arrendatarios, colonos agrícolas o peones, los inmigrantes tuvieron un rol protagónico en este proceso. El tendido de los ferrocarriles, la expansión de la ganadería vacuna y lanar, el alambrado, el cultivo intensivo de la tierra y —en las ciudades— las industrias derivadas, dieron a la Argentina una fisonomía peculiar. Los extranjeros se mezclaron con los nacidos aquí originando conflictos en la medida que se imponían modelos nuevos de vida y subsistencia. ¿Cómo impactaron unos en otros? Porque exceptuando la alianza entre los sectores de poder nativos y extranjeros que se dio en las clases altas, en otros terrenos chocaron dos realidades de país igualmente sufridas. Creemos que el tema merece un paréntesis.

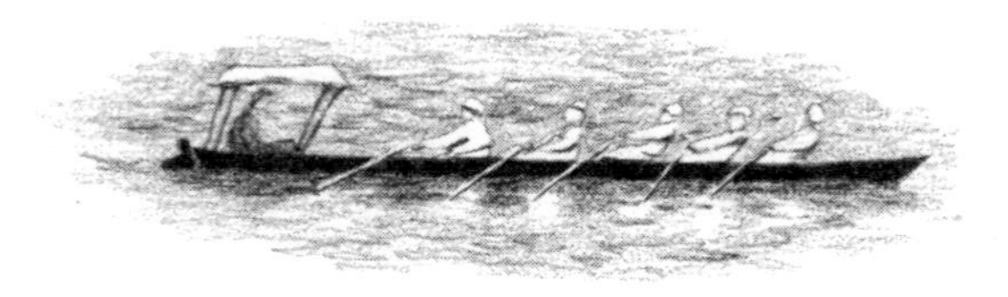

6

Cuestiones de fronteras

●●

A mediados del siglo pasado escribió Bartolomé Mitre:

"Las tribus salvajes son una gran potencia con respecto a nosotros, una república independiente y feroz en el seno de la república. Para acabar con este escándalo es necesario que la civilización conquiste ese territorio: llevar a cabo un plan de operaciones que dé por resultado el aniquilamiento total de los salvajes. El argumento acerado de la espada tiene más fuerza para ellos, y éste se ha de emplear hasta el fin hasta exterminarlos o arrinconarlos en el desierto."

Con palabras claras Mitre proponía la solución para el problema del indio.

Durante décadas la línea de frontera fue un elástico que avanzaba o retrocedía según la suerte de las armas de uno u otro bando. De este lado, la sociedad evolucionada; más allá, el desierto, llamado así no tanto por su inabarcable soledad sino porque sus habitantes no eran blancos ni estaban incluidos en el proyecto del país en formación.

Hubo varias campañas militares y planes para erradicar al indio. El más bizarro fue el de Adolfo Alsina, que comenzó a cavar una gran zanja para dejar el malón del otro lado: una especie de muralla china al revés, digna de la ingeniería militar de los tiempos de Asterix. La muerte de Alsina interrumpió la excavación. El autor de la idea abandonó este mundo ignorando quizá que estaba a punto de partir el país en dos, y que con un poco de voluntad, además, toda zanja se cruza.

En 1880 Roca puso fin al asunto. Gracias a los rifles de repetición Remington, de fabricación inglesa, terminó la campaña contra el indio anexando 15.000 leguas de tierra buena a la causa civilizadora.

Entonces los latifundios se desperezaron y extendieron tranquilos las piernas. Vacas y ovejas ya no tenían nada que temer.

Para los inmigrantes, los indios no representaron la amenaza mayor. Si bien, como hemos visto, algunos tuvieron con ellos serios encontronazos, los inmigrantes se instalaron por lo general en zonas protegidas por la línea de fortines. En los puntos de roce pelearon —como los suizos— o negociaron —como los galeses— según aconsejara la relación de fuerzas, pero siempre desde mundos separados.

Más complicado fue, en otros sentidos, el contacto del inmigrante con el criollo. Obligados a convivir de este lado de la franja del desierto, cada uno porfió en su peculiar manera de ver la tierra. La fascinación y la desconfianza fueron recíprocas en el gringo y el gaucho. Con la presencia inevitable de uno y otro, se entreveraron con algunos acuerdos y bastante incomodidad.

En las fantasías de los que venían en los barcos, habitaban estos lugares caníbales o bárbaros nómades. Una vez aquí, las opiniones variaban según la buena o mala fortuna.

Un suizo, de regreso en su país, dice: "La gran mayoría de la población de toda Sudamérica está formada por descendientes de salvajes o sólo semicivilizados de la raza latino-española, provistos de toda la altanería, la flema y la santurronería que la caracteriza".

Alberto Gerchunoff cuenta que sus vecinos judíos de Entre Ríos "admiraban al gaucho y lo temían, envolviendo su vida en una vaga leyenda de heroísmo y barbarie. Lo creían peligroso e irascible. Las fábulas de sangre y de bravura interpretadas mal por los nuevos campesinos contribuyeron a fomentar el concepto que tenían sobre el paisano. Resultaba para el judío de Polonia y Besarabia, el bandido romántico, feroz y caballeresco, como un héroe de Schummer, cuyas aventuras leían las muchachas obreras, al regresar del taller, en Odessa, o al terminar las tareas en la colonia".

Nanni Partenio, un inmigrante italiano de Rosario, escribe en 1878: "Lo malo de esta tierra es que es peligrosa: por una chirola te asesinan. Así que hay que estar siempre alerta, armado y con revólver".

En el mismo año, su compatriota Luiggi Binutti escribe desde Jesús María, Córdoba: "Aquí la gente es tan buena que es una maravilla. Decían que son indios y son todos muy bien. En Italia no se encuentra gente de educación como aquí".

El lugar de procedencia y el sitio de llegada eran determinantes para que se formaran tan dispares opiniones, sumadas las expectativas que cada uno traía. Por lo demás, unos vinieron dispuestos a integrarse y otros a formar islas. El "no mezclarse" siempre significó no mezclarse con gente de menor condición o futuro incierto, como el gaucho; en los niveles altos toda alianza estaba bien vista.

El tema de la integración del inmigrante movilizó la opinión de los hombres del '80. Víctor Gálvez en *Memorias de un viejo* escribió: "El criollo, el nativo, el que lleva la hidalguía española en su sangre y en su tez, ése ama al huésped que llega, al inmigrante que viene, si se asimila a las costumbres nacionales; pero no podría simpatizar con aquel que, creyéndose superior sólo por ser europeo, traza una línea divisoria entre lo argentino y lo extranjero, como con frecuencia lo hace el orgulloso inglés. Simpatiza con el alemán honesto y serio que se hace padre de familia y se vincula con la tierra. ¿Cómo no reír con el francés burlón, pero franco y cordial? El español viene, puede decirse, en familia, para él somos los mismos, cualidades, defectos, pasiones, todo lo expresamos en la armoniosa lengua castellana... El italiano, el belga, el suizo, el holandés, el dinamarqués, encuentran abiertas todas las puertas, sólo se exige honradez y manos limpias". A continuación Gálvez destila un poco de clasismo: "Sería absurdo pretender que al iletrado y burdo obrero se le siente en el salón argentino".

Luego agrega: "La hospitalidad es generosa, pero ¡guay con los que pretenden ser superiores y privilegiados sobre los ciudadanos! La bondad no irá jamás a conceder privilegios al extranjero que los haga superiores al hijo del país".

José María Ramos Mejía, en *Las multitudes argentinas*, de 1899, dice: "Me asombra la dócil plasticidad de ese italiano inmigrante. Llega amorfo y protoplasmático a estas playas y acepta con profética mansedumbre todas las formas que le imprime la necesidad y la legítima ambición. Él es todo en la vida de las ciudades y las campañas, desde músico ambulante hasta clérigo... Abre la tierra que ha conquistado con su tesón y fecundado con su trabajo. Como son tantos, todo lo inundan: los teatros de segundo y tercer orden, los paseos que son gratis, las iglesias porque son devotos y mansamente creyentes... Todos los oficios y profesiones: son cocheros, cuarteadores de tranvías, son mayorales y conductores; ellos son, en suma, todo lo que dé medios de vida y prometa un porvenir, remoto si queréis, pero seguro". Luego, pega con una dura verdad: "Con deciros que de ciertos trabajos hasta al gaucho han desalojado".

Lo cierto es que los extranjeros desbordaban la ciudad; ganaban espacio en la tierra y trabajo en el campo. Desde las provincias del norte donde los turcos vendían baratijas, hasta la Patagonia cruzada de galeses y aventureros de toda procedencia, el país se iba tiñendo de modos de vida extraños al nativo.

Para el poblador de nuestra campaña el trabajo no era una obligación permanente. Acostumbrado a un campo sin alambres ni propietarios, a tomar cualquier animal suelto sin sentirse ladrón, el gaucho no se acomodó al nuevo orden. Hombre de pocas necesidades, se abastecía cazando nutrias, avestruces y zorros para vender piel y plumas, explotando juncales, pajonales y montes de leña, y carneando y vendiendo vacas con total miopía sobre las marcas que tuvieran. Cada tanto se empleaba como peón y zanjeador o hacía trabajo golondrina en la estación de la cosecha. Después regresaba a su vida independiente.

Esto lo convirtió en un trabajador inestable que desesperaba a los dueños de estancias, impotentes para retenerlo, en una época en que el problema era la falta de mano de obra. ¿Cómo hacer frente a la expansión del mercado de la lana, por ejemplo, siendo escasa la fuerza de trabajo?

La oferta se repartía entre gauchos e inmigrantes sin fortuna.

El inmigrante se adaptó fácilmente al trabajo estable y disciplinado. Por un lado venía de transpirar parcelas chicas de tierra, controladas y medidas a escala familiar; por otro, su meta era progresar económicamente. Al gaucho no había forma de retenerlo en la estancia; se iba a veces con el trabajo a medio hacer y no conoció razones para sujetarse por una paga escasa.

Los estancieros sugirieron medidas para encarrilar a este personaje.

Algunas le coartaban los medios alternativos de subsistencia al reprimir severamente el robo de ganado o al impedirle formar rancho con familia en las orillas de las estancias argumentando que todo lo que contuviera la estancia —pajonales, nutrias y avestruces— era, como los pastos, propiedad del dueño para explotarlos a su antojo. Otra imponía papeletas de trabajo y pasaporte para desplazarse de un sitio a otro de la provincia a todo aquel que no tuviera hacienda ni propiedad raíz.

Estas medidas, que luego inspiraron el Código Rural, solucionaban además otro problema: el de la necesidad de hacer levas de soldados para combatir en la frontera contra el indio. Los "vagos y malentretenidos" iban a parar allí.

El Código restringió el derecho de caza, prohibió los juegos de azar y la portación de armas blancas. Definió como "vago" al que, careciendo de domicilio fijo y de medios conocidos de subsistencia "perjudicara a la moral por su mala conducta y sus vicios habituales". Como castigo se lo podía destinar al servicio de las armas por tres años.

Para los estancieros la medida tuvo hasta cierto punto un efecto de bumerang: la leva les quitaba los potenciales peones cuando más los necesitaba; o bien éstos huían de la provincia por temor a la leva.

En este aspecto los inmigrantes gozaron de ventajas. No sólo porque a la hora de ofrecer trabajo los más acomodados preferían a sus compatriotas, sino porque éstos, como extranjeros, estaban eximidos de las levas y no había peligro de perderlos.

Intelectuales y políticos argentinos denunciaron esta situación injusta, y las arbitrariedades y malos tratos que sufría nuestro hombre de campo en los fortines. El Código se flexibilizó con el tiempo, pero recién a fines de la década del '80 el reclutamiento de los soldados dejó de hacerse por castigo y comenzó el sistema de sorteos.

Mientras Alberti insistía en que ni aun sometiendo a nuestro gaucho al mejor sistema de instrucción, "ni en cien años lograría hacer de él un trabajador inglés capaz de trabajar, consumir y vivir dignamente", una voz se levantó, potente y acusadora, para desnudar el abuso de las levas.

Con la mirada vuelta hacia adentro, dolido por la indiferencia hacia los hijos del país, José Hernández escribió en 1869:

"¿Qué se consigue con el sistema actual de los contingentes? Empieza por introducirse una perturbación profunda en el hogar del habitante de la campaña. Arrebatado a sus labores, a su familia, quitáis un miembro útil a la sociedad que lo reclama, para convertirlo en un elemento de desquicio e inmoralidad.

"No se miden todas las consecuencias de un acto semejante de arbitrariedad, de despotismo, que no por estar consagrado por la costumbre es menos violento y menos vejatorio para la condición del ciudadano.

Quejas de un cantor de oficio

•••••• *"Pero nosotros, los criollos*
quedamos siempre olvidaos
y sin protección ninguna
vivimos siempre aporriaos.

Pá nosotros, si hay terrenos
nos falta lo principal:
güelles, arado y semillas
que el gobierno no nos da.

Lo que el gringo apenas llega
encuentra lo que precisa
hasta el pasaje le pagan
al punto que el tano elija.

Le dan semillas y güelles
la mantención, los araos;
que nien su tierra tal vez
se vieron tan bien tratáos.

En que de todo le dan
pá que de nada carezca
y hasta una vaca lechera
pá que tomen leche fresca.

Pero a nosotros... ¡qué pucha!
si esperamos protección:
sólo nos dan un jusil
pá defender la nación.

Y como güenos soldaos
guardamos como guerreros
la vida y los intereses
•••••• *de esos mismos estrangeros."*

(Tomado de un folleto de *Milongas provincianas*, escrito por Félix Hidalgo en 1898.)

"¿Qué tributo espantoso es ese que se obliga a pagar al poblador del desierto? Parece que lo menos que se quisiese fomentar es la población laboriosa de la campaña o que nuestros gobiernos quisieran hacer purgar como un delito oprobioso el hecho de nacer en el territorio argentino y de levantar en la campaña la humilde choza del gaucho."

En 1881, en la Instrucción del Estanciero, razona con justicia sobre una política desequilibrada:

"Hace veinticinco años que la República Argentina emprendió la tarea de fundar colonias agrícolas, fomentando al efecto la inmigración extranjera, y enviando a Europa agentes de propaganda que hicieran conocer el país, su clima, su suelo, sus productos, sus instituciones y su régimen administrativo.

"Las leyes que ha dictado ofrecen al colono extranjero grandes atractivos y ventajas considerables.

"La Provincia de Santa Fe, prescindiendo de la intervención oficial de la Nación, acometió valientemente, por sí sola, la empresa de colonizar su territorio, y hoy cuenta con 65 colonias, exuberantes de vida y de prosperidad, que producen ingentes millones anualmente.

"La Provincia de Buenos Aires ha permanecido estacionaria, no ha seguido el movimiento colonizador del país, y cada día se hace más sensible para ella la situación que le cría esa falta de iniciativa y de cooperación...

"Ningún pueblo es rico si no se preocupa por la suerte de sus pobres...

"Cada propietario encierra bajo el alambrado un extenso número de leguas de campo, arrojando de allí a cuantos no son empleados en las faenas de su establecimiento.

"Los trabajos rurales tienen épocas fijas, fuera de las cuales la gente tiene forzosamente que permanecer ociosa.

"En la campaña no hay el recurso que presentan las ciudades, de alquilar por unos cuantos pesos un cuarto donde vivir con su familia, y el recurso de salir todas las mañanas a procurarse por medio de trabajos de ocasión, los elementos necesarios para la subsistencia.

"¿Qué hace el hijo de la campaña que no tiene campo, que no tiene dónde hacer su rancho, que no tiene trabajo durante muchos meses al año, y que se ve frente a frente con una familia sumida en la miseria?

"*No es un principio admisible, pero es una verdad práctica y reconocida, que donde hay hambre no hay honradez...*

"Si examináramos un poco profundamente las consecuencias de nuestras leyes agrarias... veríamos que ejercen directamente una influencia que penetra en la organización social, conteniendo su desarrollo, violentando sus tendencias naturales y afectando su moralidad.

"Pero esa investigación... apenas nos colocaría en camino de descubrir el origen y los motivos del mal, y no es eso lo que

Otro país el nuestro

••••••

Algo que llamó poderosamente la atención de los colonos inmigrantes y que resultó factor de integración fue descubrir el trato igualitario y democrático con que se manejaba el habitante de la campaña.

Los viajeros que escribieron la crónica de este país coinciden en señalar al gaucho como un individuo independiente, ajeno a todo servilismo, aun cuando careciera de bienes. El inmigrante se sorprende de que el pobre no se incline ante el rico, y rápidamente aprende de él.

No hay que olvidar que en muchas regiones campesinas de Italia y España, y mucho más entre los turcos y el imperio de los zares, todavía regían sistemas casi feudales en los que al dueño de la tierra y al gobernante se le debían obediencia y honores.

••••••

nos preocupa en este instante, sino la adopción de medidas capaces de remediarlo.

"Por nuestra parte, creemos que por sí sola es insuficiente la acción de la Policía, que por su naturaleza se dirige más a reprimir que a prevenir los males.

"Es insuficiente también la más rígida legislación sobre vagancia, porque ni ésta es un delito en sí misma, ni la ley remedia nada, desde que no modifica la situación de los que, por la naturaleza de los trabajos rurales, se encuentran sin ocupación en muchas épocas del año...

"Es necesario, como único, como mejor y más eficaz remedio... *fundar colonias agrícolas con hijos del país.*

"Al colono extranjero le ofrece la Ley Nacional, tierra, semillas, implantes, herramientas, animales de labranza y mantención por un año para él y su familia.

"Miles y miles de colonos extranjeros hay en la República que han venido y se han establecido gozando de estos beneficios.

"No se crea por esto que miramos con prevención al elemento extranjero; no, muy lejos de eso, conocemos su influencia en el progreso social... Bienvenidos sean estos obreros del progreso...

"Pero si el país necesita la introducción del elemento europeo, necesita también, y con urgencia, la fundación de colonias agrícolas con elementos nacionales.

"La Provincia posee tierras excelentes para este objeto...

"Cuatro o seis colonias de hijos del país harían más beneficios, producirían mejores resultados que el mejor régimen policial, y que las más severas disposiciones contra lo que se ha dado en clasificar vagancia."

A continuación ofrece el ejemplo de la colonia San Carlos, en el partido de Bolívar. "San Carlos tiene actualmente más de cien casas; más de doscientas chacras pobladas y cultivadas con grandes sementeras de maíz, trigo y otros cereales; más de cuarenta mil árboles de todas clases; mucha hacienda de toda especie, y una población activa y laboriosa de cerca de tres mil argentinos."

En varios pasajes del *Martín Fierro*, Hernández pone en boca del gaucho versos quejosos en relación al gringo. A propósito de la iniciativa de enviar un contingente de soldados extranjeros a pelear en los fortines, dice Fierro:

"Yo no sé por qué el gobierno
nos manda aquí a la frontera
gringada que ni siquiera
se sabe atracar a un pingo,
¡si crerá al mandar un gringo
que nos manda alguna fiera!

No hacen más que dar trabajo,
pues no saben ni ensillar,
no sirven ni pa carniar,
y yo he visto muchas veces,
que ni voltiadas las reses
se les querían arrimar.

Y lo pasan sus mercedes
lengüetiando pico a pico,
hasta que viene un milico
a servirles el asao,
y eso sí, en lo delicaos
parecen hijos de rico.

Si hay calor ya no son gente,
si yela, todos tiritan,
si usté no les da, no pitan

por no gastar en tabaco,
y cuando pescan un naco
uno al otro se lo quitan."

Al gaucho de ficción, como al gaucho real, se le abren dos caminos: plegarse, volverse manso, como Fierro; o hacerse criminal, como el Juan Moreira que describe Eduardo Gutiérrez. El personaje de Gutiérrez, que gozó de enorme popularidad en su época, se "desgracia" a causa de un gringo ladino: el pulpero italiano Sardetti inaugura el rosario de muertos caídos bajo la daga de Moreira. Como Fierro, él también será víctima de la autoridad prepotente.

De distintas maneras, la literatura muestra rencores y cicatrices. Pero antes de llegar a los libros, muchos episodios pasan por la crónica policial: en 1872 un grupo de gauchos comandados por un curandero visionario de nombre Solané, masacró a unos vascos tamberos de Tandil. Instigados por el propio curandero o, a través de él, por los ganaderos del lugar, lo cierto es que

Judería criolla

••••• *El notable periodista Félix Lima publica en 1903, en la revista* Caras y Caretas, *un cuadro de costumbres situado en un conventillo de Buenos Aires. Allí un matrimonio judío espera la llegada de uno de sus hijos, afincado desde tiempo atrás en una colonia de la provincia de Entre Ríos:*

"Y llegó de Entre Ríos. Llegó con bombacha, con pañuelo al pescuezo, con botas floreadas, con ponchito, con camisa de seda mordoré. ¡Grandes abrazos!
"—¿Qui ti dices di tu hermana, Abraham?
"—Chá, digos; ni flor di ceibos...
"—¿Y vos Olgas, qui pinión haces di tu hermano?
••••• *"—¡Qué Moreira qu'istás, Abraham!"*

estos gauchos mostraron auténtico odio por los extranjeros, que, según creían, los expulsarían de sus tierras.

Tanto en los dramas de ambiente rural como en la comedia urbana que popularizó el sainete, el extranjero aparece algunas veces enfrentado con el nativo, y otras aliándose con él ante el abuso de los patrones.

Entretanto la clase alta porteña y algunos intelectuales muestran signos de incomodidad, cuando no una clara xenofobia.

El mismo Sarmiento expresa en sus dos últimos trabajos su desencanto por la inmigración llegada. Quien tenía previsto un país lleno de europeos del norte, descubre que son más los latinos inciviles y ruidosos, o los extranjeros provenientes de culturas exóticas.

Antonio Argerich, en el prólogo de su novela *Inocentes o culpables* se opone frontalmente a la llamada "baja inmigración", que considera nefasta para el destino de grandeza al que aspira la república.

Eugenio Cambaceres, estanciero, típico hombre del '80, resume en su novela *En la sangre* el pensamiento de la burguesía acomodada en relación al inmigrante. La heroína, Máxima, es una joven de buena familia que cae en las garras de Genaro, un advenedizo, un inescrupuloso hijo de italianos. Genaro será el trepador que aspira a escapar de su clase: lleva la abyección en la sangre, la ha recibido por herencia, al igual que todas las bajas pasiones que son el patrimonio de su raza. Cambaceres, en cambio, rescata la figura del hombre de campo, que en su sencilla rusticidad conserva un espíritu de resignado sacrificio, y "cuyo tipo va perdiéndose a medida que el elemento civilizador lo invade".

A los personajes que no encajan dentro de su escala de valores, los desjerarquiza. El padre de Genaro es "el tachero", "el italiano", "el gringo", "el Nápoli". En otra de sus novelas, *Pot pourri*, el español es "una bestia" que viene de Galicia, "la tierra de bendición donde esos frutos se cosechan por millones". De él se dice que tiene "una mano que, por su tamaño, parecía descolgada de la muestra de un guantero" y un pie "ancho como un cimiento de tres ladrillos".

El inmigrante produce disgusto estético a esta gente de tobillo fino, que se refugia, como conservadora que es, en una visión idealizada del criollo. Éste es el sostén de la vida en la estancia, arcadia pastoril que representa las tradiciones ancestrales, su arraigo en este suelo. El campo es el pasado y el futuro que le reaseguran la supervivencia económica y la continuidad como clase. Hacia la pureza de la tierra y la inocencia de sus habitantes vuelve los ojos, espantados por la mezcla aluvional que amenaza sus costumbres.

Santos Vega, ácrata

•••••• *En **El cancionero revolucionario ilustrado** que se publicó en 1905, entre una "Marsellesa anarquista" y el tango "Guerra a la burguesía", aparecen estas "Milongas sociales" firmadas por El Payador Libertario:*

"Grato auditorio que escuchas
al payador anarquista
no hagas a un lado la vista
con cierta expresión de horror,
que si al decirte quién somos
vuelve a tu faz la alegría
en nombre de la Anarquía
te saludo con amor.
Somos los que defendemos
un ideal de justicia
que no encierra en sí codicia
ni egoísmo ni ambición,
el ideal tan cantado
por los Reclús y los Grave
los Salvochea, los Faure
los Kropotkin y Proudhon." ••••••

El sentimiento es también de alarma. Una nueva clase social está surgiendo. Es la de los empleados, artesanos, vendedores ambulantes, peones, obreros de fábrica, cada vez más numerosos. La fuerza del trabajo que crece con cada barco que llega.

La aldea perezosa que había sido Buenos Aires se agita de forasteros que se ofrecen y reclaman, y por eso saltan las voces demandando que se preserve la identidad social y cultural amenazada; pero, claro está, sin modificar las relaciones que hacen que muchos extranjeros produzcan grandes beneficios para un pequeño grupo: éste se designa a sí mismo como representante del país verdadero y siente que algo se le escapa de las manos cada vez que la masa de asalariados la incomoda o va a la huelga. ¿Quién los manda? Eso no se había visto antes aquí.

Como resultado de este nerviosismo se crearon en 1902 la Ley de Residencia y en 1910 la de Seguridad Social.

La primera autorizaba al Poder Ejecutivo a expulsar a los extranjeros cuya conducta hiciera peligrar el orden público. La segunda prohibía la entrada al país de anarquistas y otros activistas que atentaran contra las instituciones y sus representantes. De todos modos, ellos iban a conmover sólo el ámbito urbano, y poco o nada el rural, faltos de una voz auténtica que los comunicara con el hombre de campo.

Pero pese a las dudas, pese al desconcierto y las quejas de los sectores más dispares, la inmigración es una necesidad incuestionable para el pensamiento oficial del '80. Las expresiones son unánimes en cuanto a poblar los desiertos, en especial una zona que, tras la campaña de Roca, se evidencia como la más ignota, yerma y solitaria del territorio nacional: la Patagonia.

7

Bajo la Cruz del Sur

••

28 de julio de 1865.

La goleta *Mimosa* entró en una ensenada profunda abierta al Atlántico Sur. Más de tres siglos antes, Hernando de Magallanes había bautizado ese lugar como Bahía sin Fondo. Jadeaba el pobre barco arañando con el ancla un sitio donde descansar al cabo de ocho mil millas navegadas sin pausa.

El paisaje que se ofreció a los 153 pasajeros en ese día frío y lluvioso era sobrecogedor. Una tierra desértica, castigada por los vientos y la sal marina, donde no crecía más que vegetación achaparrada. Muchos lloraron un llanto confundido entre la alegría de haber llegado y la soledad que les contagiaba aquel páramo.

En la costa dos bultos agitaron los brazos en señal de bienvenida. Recortados sobre el fondo de unas lomas, algunos animales y unas pocas chozas de madera.

Desembarcaron.

Esa misma tarde un joven soltero ascendió la ladera de una loma para reconocer los alrededores y no regresó más. Es probable que haya descendido por el lado opuesto, y al perder de vista el mar haya caminado hasta agotar las fuerzas. Años después encontraron sus huesos, junto con papeles y vestimenta, en los médanos cercanos.

Con el corazón en la Biblia y las manos en el trabajo, comenzó la vida de aquella gente. Entre ellos había mineros, ladrilleros, sastres, zapateros, tipógrafos, farmacéuticos y pastores de ovejas y de almas; pero pocos campesinos capaces de domar esa tierra brutal y sacarle frutos.

La falta de agua potable volvió inútil cualquier labor permanente. El suelo era arenoso y lleno de piedras. En las proximidades no había valles, ríos ni arroyos. Sólo una meseta interminable de pastos secos y matorrales desgreñados. Las vacas bagualas no estaban dispuestas a dejarse ordeñar. La tierra cultivable había que disputársela a las matas espinudas. La primera siembra resultó un fracaso; ya porque enterraron las semillas muy cerca de la superficie, o porque los campos labrados estaban demasiado próximos al mar, o porque no había lluvia suficiente para que el trigo germinara.

¿Cómo vencer el desánimo cuando se pelea contra un aislamiento milenario? No había cerca una sola población blanca. Solamente indios y mestizos, anudados a historias de aventureros que habían pasado por ahí buscando fortunas quiméricas.

A poco de llegar, los viajeros del *Mimosa* enterraron su primer muerto en tierra americana. Era una mujer. Aficionados a la poesía, compusieron para la ocasión unos sencillos versos que decían:

> "Hen Groes y De, pa groeso dwys - i un
> O'r gwenyg diorffwys,
> I un sal ei ffun a'i phwys
> Arffed dieithr i orffwys!"

¿Pero quién era esta gente? Lo enrevesado de su lengua tiene que ver con su arribo.

Resuminos las palabras de F. E. Roberts en el prólogo del libro de Matthews *Crónica de la colonia galesa de la Patagonia*:

"Gales era un pequeño país desconocido casi por haber sido absorbido políticamente durante cientos de años por otro más fuerte: Inglaterra. Sin embargo su pueblo logró mantener firme su personalidad a través de los tiempos.

"En el transcurso del siglo XVIII, como reflejo del movimiento romántico, se produjo en el principado de Gales un despertar de inquietudes. Varios jóvenes se preocuparon por salvar antiguos manuscritos que conservaban poemas medievales y otras obras literarias escritas en idioma galés, el cual, desde la época de los trovadores, demostraba su riqueza y fluidez.

"Fue este mismo ideal nacionalista el que impulsó, en el siglo XIX, a un grupo de galeses a soñar con salvar su lengua y su cultura ante el continuo avance inglés, creando una colonia en un país lejano y apartado donde no incidieran influencias extrañas.

Es menester aclarar este punto. Después del sometimiento del reino de Gales por la corona inglesa en el siglo XIII, y terminado el período de luchas, no hubo mayores relaciones entre ambos pueblos, en parte a causa de la dificultad de comunicaciones, pero debido también a que nada les urgía, fuera de las necesidades administrativas. Pero muy distinta fue la situación en el siglo XIX, al producirse la demanda universal de carbón y de hierro. Debido a su rico subsuelo, Gales sufrió sólo entonces la verdadera invasión inglesa."

Sigue este relato en palabras de Manuel Porcel de Peralta, autor del trabajo "Orígenes de la colonización galesa en tierras del Chubut":

"El desconocimiento de sus legítimos derechos a mantener la lengua madre en las escuelas fue considerado como un atropello despótico de la corona británica, promoviendo la resistencia organizada.

Ese espíritu independiente generó un movimiento emigratorio sin precedentes en Gales, orientándose el éxodo hacia los Estados Unidos. Los fundamentos de la emigración preveían que los asentamientos comunitarios tendrían por objeto mantener la unidad nacional, lengua, religión y tradiciones. No obstante, tales propósitos no se concretaron. La corriente emigratoria se dispersó en abanico por el vasto territorio del país del norte. El espíritu gregario que se pretendió mantener se vio enfrentado con las manifestaciones cosmopolitas y la influencia del medio que paulatinamente los fue asimilando."

A raíz de esta dispersión los galeses orientaron su interés hacia la deshabitada Patagonia. ¿Sería posible fundar allí una Nueva Gales?

Bajo la presidencia de Mitre, un par de delegados formalizaron un acuerdo entre la comunidad y el gobierno argentino. El ministro del Interior, Guillermo Rawson, acordó brindarles tierras. Alentaba la idea de que había que poblar e insuflar vida a ese territorio inmenso y huérfano, donde nadie que no fuese loco se animaba a entrar.

Así llegó al Golfo Nuevo el primer contingente de 153 galeses.

La tierra que pisaron y que tan tristemente los recibió es hoy Puerto Madryn.

Los dos compatriotas que les dieron la bienvenida eran los señores Edwin Roberts y Lewis Jones, que constituyeron una avanzada a fin de facilitarles la estada inicial. El joven soltero que se perdió en la loma se llamaba David Williams; era el sastre del grupo. Los indios dispersos por la región eran tehuelches y araucanos. La muerta era la señora Catherine Davies. Los versos que le dedicaron en idioma galés decían:

"¡Ah, Cruz del Sur, qué bienvenida
diste tú a esa enferma;
un regazo extraño
para descansar!"

En poco tiempo los pasajeros del **Mimosa** abandonaron el Golfo para instalarse en una zona más fértil; la desembocadura del río Chubut. Un funcionario del gobierno viajó para entregarles formalmente la posesión de la tierra. De paso, izó la bandera nacional, tanto como para recordarles que, pese a gozar de todas las libertades, estaban en territorio argentino.

La ceremonia desalentó las ambiciones separatistas de los galeses. Eso significaba que toda la organización político-legal que trabajosamente habían planeado desde Gales quedaba sometida a las autoridades del país.

Pero por el momento la región quedaba librada a su suerte y ellos estaban solos en la lucha. No hay que olvidar que cuando los colonos se dividieron las parcelas del valle del Chubut, faltaban todavía catorce años para que Roca pusiera fin a la campaña al Desierto.

Como homenaje al promotor de aquel asentamiento, los galeses lo bautizaron "Pueblo de Rawson".

Origen del nombre Chubut

•••••• *Lewis Jones, en su libro **La colonia galesa** explica el motivo por el que se designó **Chubut** al territorio provincial. Lo transcribimos a modo de curiosidad:*

*"Los aborígenes acostumbraban llamar al río principal con el nombre de **Chupat** o **Tsiwba**. Pero como 'chupar' es un verbo castellano que entre otros significados tiene el de 'beber con exceso', para evitar que el lugar tuviera un sobrenombre, el doctor Rawson, ministro del Interior, juzgó que la palabra Chubut sería más eufónica."* ••••••

La epopeya de los galeses no fue distinta de la de otros grupos de inmigrantes campesinos, sólo que agravada por el aislamiento y las dificultades para obtener ayuda de Buenos Aires.

Chozas de madera recubiertas de barro abrigaron sus primeros inviernos patagónicos. Comían zorros y aves de rapiña. Salaban la carne de oveja con agua de mar. Por obviar un detalle como la diferencia de hemisferio, sembraron en octubre lo que aquí se siembra en mayo y la cosecha fracasó.

El reverendo Matthews cuenta esto en su libro:

"Al principio, cuando recién llegamos, nos hallábamos preocupados con respecto a los indios. Si viajábamos de noche o dormíamos fuera en el campo, el grito de un ave era capaz de llevarnos casi al desmayo, pues creíamos que se trataba de un grupo de indios que se acercaban. Vivíamos así en continuo sobresalto, hora a hora, minuto a minuto, durante varios meses, hasta que llegamos a creer que no había indios en el país. Pero hete aquí que un hombre galopa valle abajo y entra en el pueblo diciendo, falto de aliento: 'Los indios han llegado' y al día siguiente hicieron su aparición un anciano, una anciana y dos mozas ataviadas con pieles de guanaco.

"No pudo ser más propicia la ocasión, ya que los indios se presentaron en medio de los festejos de una boda; la primera que se celebraba en el pueblo."

Así, bajo el símbolo del pan casero que compartieron, se inició una extraña relación.

Cuesta comprender cómo se entienden un tehuelche y un galés hablando cada uno su idioma: en principio, por el lenguaje cavernario de las señas. Pero además, como los indios solían viajar a Patagones para hacer su comercio, habían aprendido algunas palabras en español. Los galeses desconocían por completo este idioma, pero algunos recordaban un poco del latín hablado en sus aldeas y esto les permitió reconocer ciertos vocablos de la vieja raíz.

Pronto los dos grupos se armaron de un vocabulario básico que excluía las charlas metafísicas, pero era útil a sus fines.

El trato con los indios fue tan beneficioso para los colonos que a él se le debe en parte su supervivencia. En medio de la hambruna y la torpeza se unieron a ellos en un trueque ventajoso. Los galeses les daban pan, azúcar y telas de algodón. Los indios, carne, plumas y cueros. Pero además fueron sus maestros.

El anciano que los visitó la primera vez se llamaba Francis-

Trágico encuentro

"Los galeses habíamos sido caritativos con los indios y habíamos ganado su confianza y buena voluntad. Lo cierto es que el gobierno argentino envió desde Buenos Aires un ejército, que pasó por Bahía Blanca y Río Negro y luego a lo largo de la cordillera hasta Santa Cruz, capturando y trasladando todos los indios que se entregaban y matando a los que se resistían, excepto un número pequeño que logró esquivarle y huir. En esa época ocurrió un hecho muy penoso.

"Cuatro de los pobladores se habían encaminado unas doscientas millas tierra adentro en expedición, y cuando regresaban y estaban a ciento veinte millas del establecimiento, fueron atacados en forma sorpresiva por un grupo de indios que mataron bárbaramente a tres de ellos, logrando huir como por milagro el cuarto. Este hizo a caballo casi toda la distancia mencionada sin parar casi un minuto en lado alguno y pasando hasta por un lugar que parecía infranqueable para un hombre a caballo.

"Este suceso alarmante fue consecuencia de la persecución de que por parte de los blancos fueron objeto los indios de ese año, provocando en ellos un odio tan grande contra el blanco que ni apreciaban ya a sus viejos amigos los galeses."

Abraham Matthews, *Crónica de la Colonia Galesa de la Patagonia.*

co y era un cacique. El y su gente les enseñaron a los jóvenes a domar caballos y vacas, a curtir cueros, a usar lazos y boleadoras para cazar animales silvestres de buen sabor, ya que muy pocos galeses sabían usar el rifle, y a envolverse en quillangos para pernoctar a la intemperie.

Y todo ese aprendizaje por el cual los galeses fueron descubriendo los secretos de la tierra, el clima, el bicherío y las plantas se hizo poco menos que jugando al oficio mudo.

Quizás el mejor testimonio del encuentro pacífico que protagonizaron ambos grupos sea la carta que los galeses dirigieron en 1883 al general Lorenzo Vintter, uno de los jefes de la conquista del desierto:

"Los indios fueron un muro de seguridad y amparo para nosotros. Sus pequeñas comunidades en los confines favorecieron siempre la entrada hacia el interior de nuevos establecimientos, tal como fue su comercio entre nosotros. Anhelamos que podáis, al cumplir vuestra obligación militar y de acuerdo con vuestra prudencia, dejar a nuestros viejos vecinos en sus hogares, mientras permanezcan tan pacíficos como hasta hoy."

Sin embargo, no todas fueron mieles en la relación. Un día un colono astuto podía obtener de un indio un buen caballo a cambio de unos panes. Al día siguiente el mismo colono pedía ayuda al cacique para perseguir al mismo indio que le había robado el caballo.

También se acusa a los galeses de haber proporcionado a los indios brandy y ginebra. Si bien no hay pruebas de que ellos los hayan iniciado en el consumo de bebidas alcohólicas, es cierto que el alcohol fue parte importante del trueque y que eso causó graves problemas. La bebida traída por los blancos fue uno de los factores más poderosos que condujeron a la destrucción de las tribus del sur. El indio patagónico, más resistente que ninguno, quedó indefenso ante esa provocación extraña que acabó minando su físico privilegiado y su forma de vida.

Uno de los rasgos llamativos de los galeses fue su organización política, ordenada y democrática. Tan lejos estaba la autoridad de Buenos Aires, que bien podían intentar un boceto de república propia.

Se manejaban con un Consejo de doce miembros y un presidente; un juez de paz, un secretario y un tesorero. Había dos Tribunales, uno de justicia y otro de arbitraje; una Constitución rudimentaria y algunas normas fundamentales sobre las que iban legislando y estableciendo compensaciones y castigos.

El Consejo funcionaba con *meetings* o reuniones a las que se convocaba por cualquier cosa que hubiera que resolver. Sentados sobre cueros de ovejas se enredaban en sesudas discusiones sobre si era justo que el joven Josuah le hubiese pegado una trompada a su vecino Grifith o —ya en los años de prosperidad— si era conveniente o no comprar un remolcador para navegar el río.

Todo eso se resolvía con el sistema del voto secreto en el que participaban tanto hombres como mujeres.

El municipio se gobernó así durante treinta años, aun mucho después de que el gobierno nacional nombrara autoridades en la región.

Los galeses habían traído además su propio papel moneda. Billetes de una libra y de diez y cinco chelines con la inscripción "Colonia Galesa" y un sello de tinta azul. Se usaron en los primeros tiempos para financiar obras públicas hasta tanto el consejo y los pobladores pudieran ganar moneda metálica, y también como pieza de intercambio entre ellos. Los billetes perdieron valor rápidamente y los colonos recurrieron al trueque de las mismas mercaderías que producían u obtenían de los indios. Así, la señora Jones entregaba trigo al sastre, a cambio de una chaqueta para el señor Jones, y el talabartero recibía plumas a cambio de una cincha para caballo.

Con una capilla, un periódico manuscrito (*I Brut*, "La Crónica") y una escuela al aire libre donde el pizarrón eran grandes piedras alisadas, la colonia galesa se afirmó en ese suelo. Los tiempos de las cosechas desastrosas y el maldecir la tierra que se les negaba pasaron pronto. Las cabañas se transformaron en casas de techos rojos. Atrás quedó la época en que se lavaban la cara con arcilla porque el jabón se terminaba y en que usaban tendones de avestruz para coser la ropa.

Entre las cosas que los galeses domaron estaba el río. Las crecidas caprichosas del Chubut fueron encauzadas por canales de riego planeados cuidadosamente con criterio cooperativo. Los canales, sucesivamente perfeccionados, convirtieron el valle seco y abrasado en un oasis de fertilidad.

Con el tiempo, esta tierra domeñada les brindó cereales que llegaron a obtener los mejores precios en Europa y sirvieron como término de comparación en nuestro país. Hasta los santafecinos hablarían con unción de los trigos del Chubut, y las muestras internacionales de cereal premiaron con cucardas los granos gordos.

Pero a fines de 1870 todavía faltaba gente para completar este proyecto.

Sumando los nacidos y descontando los muertos, al cabo de ocho años notaron que eran tantos como habían llegado, cuando en el valle sobraba espacio para miles de almas en plan de cultivar. Se necesitaban más brazos para producir en cantidad y comerciar con Buenos Aires u otros puntos de Europa.

En 1874 llegó otro contingente. A diferencia de los pioneros del *Mimosa*, todos muy pobres y de escasa instrucción, los recién llegados eran trabajadores con medios económicos, chacareros hábiles, buenos predicadores. Sangre nueva que impulsó poderosamente la colonia en sus diferentes aspectos. Algunos provenían de Gales y otros de los Estados Unidos.

Se instalaron en un valle vecino, río adentro, y ellos fueron los fundadores del pueblo de Gaiman. Como a los otros, el gobierno les entregó tierras, pero a condición de que adoptaran la ciudadanía argentina, lo que demuestra la preocupación que existía entre las autoridades por la cohesión que iba tomando el grupo. Este tipo de medidas no era frecuente en materia de radicación de extranjeros.

La cosecha de ese año fue óptima y pudieron hacer la primera venta de trigo a Buenos Aires. Una importante casa comercial de esa ciudad instaló una sucursal en el valle a través de la cual se comercializó la salida de los cereales, manteca y queso que la colonia producía.

La creciente actividad demandó la instalación de un ferrocarril que uniera el primitivo Rawson con Puerto Madryn.

En 1886 llegó al puerto un nuevo barco con 500 inmigrantes y material para construir el camino de hierro. Dos años más tarde rodaban los vagones desde un nuevo pueblo, Trelew, que prosperó muy rápido al convertirse en el punto de concentración del cereal del valle. Esta palabra significa "pueblo de Lew", en homenaje de Lewis Jones, pionero de la comunidad e impulsor del ferrocarril.

Los nombres de Dolavon, Canadon, Telsen, se incorporaron a la toponimia del Chubut como otros tantos pueblos que los galeses fueron sembrando en el litoral patagónico. Todos ellos alimentados por el crecimiento de los primeros más una inmigración no muy numerosa pero constante que duró hasta 1911.

¿Qué pasaba entretanto en el orden nacional?

Roca, promotor de la campaña al Desierto, ejercía la presidencia del país. En 1884 promulgó una ley destinada a organizar los territorios nacionales para instalar administraciones en las regiones recién ganadas al indio.

Por ella se establecieron nueve gobernaciones que cuando alcanzaran los 60.000 habitantes serían declaradas provincias. Una de ellas fue Chubut, cuyos límites se fijaron claramente. Su primer gobernador fue el teniente coronel Luis Fontana, quien decidió no interferir en las costumbres de la comunidad galesa y convocó a las primeras elecciones democráticas en la Patagonia, celebradas en Gaiman en 1885.

Fueron los mismos colonos los que impulsaron al gobernador a iniciar la exploración del oeste del territorio. Para esa época los pobladores deseaban encontrar una región virgen para inducir la venida de nuevos inmigrantes. Por otra parte, los hijos de los primeros colonos ya eran hombres con familias constituidas y necesitaban tierra. Se había multiplicado el ganado de ovejas, caballos, vacas, y el valle no daba abasto para alimentarlo.

El gobernador mismo y los señores Thomas y Mayo organizaron un contingente de veinticinco hombres solteros para explorar el interior hacia la cordillera. Regresaron después de varios meses, todos vivos y sanos, hablando maravillas de una tierra al pie de las montañas, en especial de un lugar al que denominaron "Valle Encantado".

Allá, en las estribaciones de los Andes, se fundó la colonia "16 de Octubre", dedicada a las actividades agrícola-pastoriles, donde se establecieron familias muy jóvenes.

Quedaba así integrada la zona cordillerana al primitivo asentamiento del Atlántico y se abría una instancia importante en la efectiva ocupación del territorio. Este núcleo estable fue poblándose y creciendo en nuevos centros urbanos. En Trevelin (Pueblo del Molino) resuena una vez más la toponimia galesa.

Una figura relevante de la comunidad fue Eluned Morgan. La hija menor de Lewis Jones llegó a cursar estudios en Londres y tuvo un lugar destacado en la vida cultural de los galeses en la Patagonia. Fue maestra y redactora del periódico *I Dravod*, "El Mentor". Las fotos viejas muestran a una muchacha rolliza, de facciones apacibles, tocando el arpa en pose clásica.

Muy anciana ya, de vuelta en su tierra natal, escribió sus memorias.

Con una prosa entusiasta pintó su vida de adolescente en el Chubut y en particular un viaje que hizo desde la costa al Valle Encantado de la cordillera para llevar telas, azúcar, té, carne salada y herramientas a los 70 colonos que apenas un año antes se habían instalado allí.

Al principio se viajaba a caballo entre una colonia y otra, empleándose de quince a veinte días en el viaje. Más tarde, un grupo de hombres fuertes decidió hacer el viaje en carreta, abriendo el camino donde era necesario, a medida que avanzaban, es decir donde había rocas y en las partes de mucha pendiente. De esta manera allanaron el trayecto hacia el Valle Encantado, adonde luego se trasladaron sus mujeres y niños con enseres y provisiones. Con el tiempo llegaron también a acortar el viaje a caballo, hasta hacerlo, entre la cordillera y Rawson, en ocho días. Pero en carreta se tardaba el doble.

Eluned y una amiga suya, María, se invitaron solas en un viaje de aquéllos, más apropiado para muchachos. Cambiaron las polleras hasta el tobillo, los moños y los cuellos planchados por pantalones gruesos, botas y chaquetas de lana que la travesía demandaba, con el pelo rubio aplastado bajo sombreros de ala angosta que las protegerían del viento.

El *'eistedvod'*

•••••• *Entre las costumbres curiosas de los galeses existía la de celebrar conciertos-exposiciones que atraían la concurrencia de hasta siete leguas a la redonda. Estos festivales (**eistedvod**) duraban largas horas —se almorzaba en el intervalo— con programas variados: canto, declamación, concursos poéticos y exhibición de artesanías elaboradas por los colonos.*

Un jurado repartía modestos premios. A veces una distinción; otras, una pequeña suma de dinero.

La Navidad, el Año Nuevo y la Fiesta de Desembarco —28 de julio, aniversario de la llegada al Chubut— motivaban estos encuentros a los que asistían hasta seiscientas personas.

La cultura física, practicada con fervor en Gales, no tuvo continuidad en este suelo. En ese aspecto se diferenciaron de los ingleses e irlandeses. Pero como ellos, también se expresaron en el canto coral al que eran muy afectos, especialmente durante los oficios dominicales. ••••••

Las trescientas millas a través del desierto se hicieron a caballo y en carretones siguiendo en parte la línea del río, con provisiones calculadas para un mes. El plato principal, asado de oveja; la vajilla, latón abollado pulido con arena; el mantel, el piso de la llanura patagónica.

Cada jornada se emprendía al amanecer para aprovechar las horas en que el sol no calcinaba. Entonces era cuando el guía responsable, el viejo Thomas, mandaba enganchar los seis caballos de tiro que llevaba cada carreta. Un poco de pan y té caliente bastaban para poner el cuerpo en movimiento. Los músculos entumecidos por el frío se despabilaban con una gimnasia simple: el salto de rana. En esa marcha aprendió Eluned que las mañanas del desierto no se miden por reloj: comienzan —dice— "cuando la calandria se peina las plumas y los patos silvestres se bañan".

Durante muchos días dominó el paisaje la meseta abierta. Los veteranos extremaban la prudencia. Los más jóvenes cantaban a grito pelado viejas melodías galesas y cada tanto se apartaban de los carretones para buscar la sombra de los sauces del río y hundir los pies en el agua fresca.

Por las noches la temperatura desciende bruscamente. Nada hay más valioso que un quillango alrededor del cuerpo y un fogón para entibiar la soledad. Al viajero lo cobijan las estrellas del límpido cielo patagónico, tan cercanas que parece que la mano las alcanza. Nadie cierra los ojos sin echar antes un vistazo a la Cruz del Sur, guía serena que representa la ruta segura. Fervorosos creyentes, los galeses atribuyeron a estas cuatro estrellas un poder divino y protector.

Cuando el fuego y los ruidos del campamento se iban apagando, la oscuridad y el silencio eran tan poderosos que se convertían en existencias amenazantes. En ese momento el hogar parecía mucho más lejano; las paredes abrigadas de la casa, un sueño remoto. Dos jornadas de camino eran una distancia eterna.

Una tarde cazaron varios patos; manjar codiciado, lo único apetecible en aquellos lugares. La tarea de pelarlos se echó en suerte y el responsable la cumplió esmeradamente.

"El fogón de esa noche, recuerda Eluned, estuvo matizado con historias de aparecidos." Como todos los pueblos, los galeses amaban esos cuentos, y el anecdotario espectral era abundante. En la Patagonia olvidaron muchos con el correr del tiempo: la caza, el pastoreo y los viajes que los obligaban a dormir al aire libre desalentaron el temor a las cosas invisibles. Pero en los tiempos de Eluned y a los trece años, que era su edad entonces, esas historias pegan.

A la mañana siguiente los patos habían desaparecido. Y como no había otros seres humanos en muchas leguas a la redonda, Eluned y su amiga atribuyeron el robo a los fantasmas. Espíritus que dejaban huellas de zorro y que resultaron zorros nomás, ladrones astutos que se divertían a costa de los viajeros confiados ganándoles las presas obtenidas.

Eluned recuerda en su libro lo que le dijo su padre una noche en que la encontró asustada por la oscuridad: "Esta tierra es tan grande y tan pelada que ningún fantasma más grande que un conejo encontraría lugar para esconderse. ¡Y los fantasmas galeses jamás son más chicos que un conejo!".

Pero más que los zorros y los fantasmas, alarmaba la presencia del puma. Se trata de un animal asustadizo, que no ataca a menos que tenga hambre, pero para el viajero de la Patagonia era el peligro, el animal mítico. Los perros que acompañaban a los cazadores cedían frente a sus zarpas y los caballos mismos retrechaban ante el enorme gato. Volver a casa con un puma a la rastra era la suprema proeza pueblerina.

A los diecisiete días de marcha aproximadamente se alcanzaba el río Tecka. En ese punto la llanura árida daba paso a los cerros y el grupo tuvo por primera vez ante sí el telón de la cordillera. El camino se volvió empinado y el paisaje creció en fuerza y majestuosidad. Eluned estaba convencida de que habían sido ciervos de la cordillera los que trazaron por allí las primeras rutas y que la caravana se limitaba a seguir sus pasos.

El penúltimo día de viaje se abrió ante ellos un precipicio escalofriante. Los carretones siguieron por un desfiladero, pero los jinetes, para ahorrar tiempo, desafiaron el temible barranco. Descendían agarrándose de las piedras con pies y manos, las bridas de los caballos en la boca. Las bestias relinchaban de miedo.

La impaciencia los hizo apurar el tramo. Detrás del último cerro estaba la Colonia 16 de Octubre, el paraíso de los galeses asentados en la cordillera.

Los años transcurridos no pudieron borrar en Eluned el espectáculo del Valle Encantado.

Anidando entre las laderas de la montaña se veía un pueblito de casas de madera con techos de paja. Hilos de humo salían de las chimeneas para perderse a la sombra de la mole nevada. Las faldas, surcadas de arroyos, estaban cubiertas de ñires y cipreses. Acres enteros de frutillas silvestres, muchas clases de bayas y pomares tapizaban ese paraíso ingenuo. No había palabras en galés para nombrar tal variedad de flores, tan distintos matices de verde en armonía perfecta con los picos blancos.

La salud de los galeses

●●●●●● *La sequedad de la tierra y la transparencia del aire hacían de la Patagonia el lugar más saludable de este mundo. Pese a la mala alimentación de los primeros tiempos, los galeses vivieron a salvo de epidemias y enfermedades como no fuera algún sarampión o tos convulsa. Las colonias se consideraban ideales para mantener a raya el asma, el reumatismo y la tuberculosis.*

Aunque en el contingente inicial venía un médico, éste los abandonó a los tres meses y por años no tuvieron otro. Desde el principio, un señor llamado Rhydderch Huws solía asistir a los enfermos con medicamentos vegetales. Un pastor, el reverendo Jones, fue también durante muchos años un eficaz terapeuta. Lo mismo que un tal Williams, carpintero de oficio, tan hábil para reparar muebles como huesos rotos. ●●●●●●

Esa zona de la Patagonia compensó, con su belleza y fertilidad, todas las fatigas de estos inmigrantes. Bastaba instalarse para comprobar que muchas frutas crecían solas, las lluvias eran abundantes, la madera estaba al alcance de la mano y los trabajos de cateo que se hacían en los alrededores confirmaban la presencia de minas de oro y plata. El paisaje habría corroborado las expectativas creadas por el más tentador folleto de inmigración.

Los colonos del valle criaban vacunos y ovinos, fabricaban queso y manteca. Con lo producido se abastecía el consumo propio, y el sobrante era vendido a los mineros o a sus connacionales del Chubut con quienes trocaban además cueros por telas y cosas de almacén. Vivían aislados, pero sanos y en paz, congregados en torno a la escuela dominical.

Eluned y sus amigos celebraron la Navidad con ellos. La fiesta consistía en una merienda campestre y un concierto a cargo del coro del lugar. Las mujeres prendieron en sus vestidos flores de retama. Para los fatigados viajeros el té humeó de nuevo en porcelanas y las cocinas derramaron olores de bizcochos azucarados, pasteles y panes crocantes.

Por la noche, los jóvenes treparon al Trono de las Nubes, el cerro más empinado de la región. Junto a una cascada esperaron la salida de la luna. Una fogata encendió la roca. Aquello parecía una convención de duendes de la más pura cepa galesa. El hechizo se completó cuando esas voces crecieron en un coro de alabanza a Dios entonados en el viejo y dulce idioma.

A estos inmigrantes les tocó abrir una picada entre ambas márgenes de la dilatada Patagonia. En uno y otro extremo del camino se encontraron con el más desamparado y el más acogedor de los territorios que ofrecía nuestro país. Y en ese tránsito y esos trabajos se concretó la integración al tiempo que se iba diluyendo la utopía de la Nueva Gales.

8

Vendo bonito y barato

La gente de aquí, con su natural instinto simplificador, los llamó "turcos". Bajo este sello también fueron inscriptos en los censos y registros de inmigración hasta principios de siglo; de tal modo, la burocracia alentó una confusión que tardaría años en aclararse.

Con el nombre de turcos quedaron registrados grupos de inmigrantes provenientes de distintas regiones de Medio Oriente: Siria, Palestina, Líbano, Jordania, Anatolia y la Turquía europea. Países que en la época que nos ocupa estaban bajo la dominación del imperio turco-otomano.

La forzada unidad que provocó la ocupación no pudo borrar las diferencias nacionales; antes bien, las agudizó. Cultura, religión e idioma separaban a estos grupos del invasor; y estos factores se tradujeron rápidamente en conflictos políticos, económicos y sociales que los llevaron a emigrar. La mayoría eran pueblos de prácticas cristianas enfrentados al dominador musulmán.

Los sirios y los libaneses constituyeron el grueso de la corriente, seguidos en menor escala por los palestinos, jordanos y armenios; los egipcios, que también integraban el imperio, no emigraron. Turcos auténticos, pues, vinieron pocos, aunque todos traían pasaporte de esa nacionalidad. Se entiende entonces que estos inmigrantes se resistieran al mote de "turcos", que los emparentaba con el invasor.

Recién después de la Segunda Guerra Mundial, y lograda la independencia de esas naciones, las comunidades adquieren para nosotros nombre propio. En la década del '70 se los reconoce como lo que son: árabes. Cristianos o musulmanes —estos últimos llegaron más tarde en buena cantidad—, se trata de pueblos de raza árabe.

Algunos testimonios de sirios afincados ya en este siglo en provincias del noroeste quedaron expuestos en un trabajo de Gladys Jozami sobre su presencia en esta zona:

"Los turcos fueron los causantes de nuestra ignorancia; no permitían nuestra cultura, éramos como esclavos."

"Yo era caravanero y llevaba trigo desde Siria al Líbano del Norte. Mi venida a este país es obra de un comisionista de pasajes que me dijo: —Aquí el pueblo es chico para usted. Usted es un hombre para América."

"El que emigra es el cristiano, que no viene buscando el oro metálico sino el oro de la libertad. El primer impulso es la búsqueda de la libertad. Lo otro se le da."

Debido al desorden con que las autoridades aduaneras registraron la llegada de los distintos grupos, es muy difícil tener cifras exactas. La corriente se inició en 1868 y fue en permanente aumento. Tuvo uno de los porcentajes más bajos de retorno; considerando el período que va desde 1890 a 1909, de los que ingresaron al país sólo regresó a su tierra el 15%. El número de arribos empieza a ser significativo a partir de 1900, crece durante la Primera Guerra Mundial y adquiere mayor volumen entre el '20 y el '30.

Los primeros en llegar fueron en su mayoría campesinos

pobres, de aldeas pequeñas, o mercaderes trashumantes que araban el desierto a lomo de camello. Una vez más se repetían los viejos motivos de expulsión: la economía insostenible, y la milicia obligatoria que duraba siete años y los mandaba a pelear en los frentes del imperio. América los tentaba; como era enrevesado el nombre para su fonética, ellos la llamaban *Amalka.*

Cuando los lanchones de desembarco los dejaron en el muelle, comenzaron los problemas. Uno era el tracoma, enfermedad de la vista que, en caso de detectársela, significaba el regreso forzoso. El otro era cómo hacerse entender. Nombre, ocupación, procedencia, trasvasados del árabe a la grafía castellana daban cosas impredecibles. Lo que quedara registrado dependía de la buena voluntad e imaginación del empleado de turno. Así, el apellido Manzur aparece con "s" o "z" indistintamente. La aduana argentina los anotó a casi todos con "z"; la del Brasil, en cambio, con "s".

El éxodo

•••••• *"Al acto crucial de abandonar la propia tierra, que es fácil de imaginar como una decisión extrema, deben agregarse las circunstancias políticas que convertían la partida en un acto ilegal. Pues aunque la 'sublime puerta' había sido cerrada por los sultanes para impedir la emigración, el pueblo descontento encontraba una u otra forma de burlar el cerco.*

"Barcos italianos o franceses se detenían ante las costas de Siria o Líbano al amparo de la protectora oscuridad. Hay relatos de sigilosos botes remando a su encuentro, de una escala que se arrojaba y por la cual trepaban unos pocos audaces, todavía temerosos de que apareciera el largo brazo opresor a cortar de raíz la esperanza de la libertad." ••••••

(Alberto Tasso, *Aventura, trabajo y poder. Sirios y libaneses en Santiago del Estero.)*

Se cuenta que cuando el abuelo del músico uruguayo Miguel Ángel Estrella llegó a América, hizo tantos y tan vanos esfuerzos para que se comprendiera su nombre, que al fin llevó los brazos al cielo en gesto desesperado. El empleado a cargo, en limpia proeza interpretativa, asoció sonidos y gesto, y tradujo su apellido por "estrella". Así quedó inscripto.

Algo similar ocurrió con los Singer. Resultaba común en sus tierras que los apellidos se refirieran al oficio ejercido. Un árabe de los recién llegados se presentó como costurero y así lo expresaba el apellido en su idioma. Como no lo entendían los funcionarios, hizo la mímica de la costura. Inspirados, le pusieron Singer, el nombre de las máquinas de coser en boga.

Sin duda era más sencillo aceptar la innovación que discutirla. De modo que al inmigrante no le quedaba más que agradecer el empeño del burócrata e internarse en el Nuevo Mundo con la identidad cambiada, si es que se había dado cuenta del cambio.

Al no tener la fonética y la gramática del árabe similitud alguna con la nuestra, la única forma que encontraron para aprender el castellano fue la pura imitación. Aprendían en el contacto cotidiano con los criollos y éste estaba restringido en principio a las necesidades de trabajo. Los hombres aprendieron rápidamente porque ellos salían a la calle. Las mujeres, más sujetadas a la vida doméstica, tuvieron un acceso tardío y menor a la lengua. Era común que los chicos aprendieran el castellano jugando con otros en la vereda y pronto oficiaran de traductores.

La madre aprendía con ellos.

El árabe escuchaba y repetía los sonidos. Nunca incorporó el idioma de manera sistemática. Las reglas de la gramática escapaban del todo a sus posibilidades. Diálogo previsible:

—¿Usted cómo se llama?

—Yo se llama Hasmed.

En cuanto a la pronunciación, al no existir en su lengua el sonido "p", lo cambiaron sin conflicto por "b". De allí nace el cocoliche turco, que los inmortalizó como vendedores de *beines*, *beinetas*, *bantalones* y *buntillas*, todo bonito y barato.

En general trataron de mantener su idioma; en especial los musulmanes, ya que lo consideraban sagrado. Las verdades del Corán les habían sido reveladas en árabe y en esta lengua se celebraban los oficios religiosos, de ahí la necesidad de trasmitirla a sus hijos.

El viernes era el día destinado a la lectura del Corán. Los chicos eran instruidos en ese aspecto por el *sheij* o sacerdote, que actuaba como maestro. La enseñanza se hacía en casas de familia donde se reunía gente de toda edad.

La religión impone a los musulmanes dos celebraciones importantes. Una es la "fiesta del sacrificio", en la que se recuerda el día en que Abraham estuvo a punto de sacrificar a su hijo Isaac para probar su fe en Dios, y que finalmente fue reemplazado por el sacrificio de un cordero. Isaac se considera un antepasado de la raza. La otra fiesta celebra el fin del ayuno del mes de Radamán. Durante ese mes no se debe comer ni tomar nada durante las horas diurnas. Eso purifica el espíritu y el cuerpo, al tiempo que lleva al fiel a comprender la extrema pobreza y en cierta forma participar de ella.

Del grupo que llegó inicialmente, la mayor parte eran sin embargo cristianos ortodoxos o maronitas. Éstos festejan casi las mismas fiestas religiosas que los católicos, quizás con algunas diferencias de fechas. Naturalmente, éstos se integraron más rápido a la sociedad local, incluso en lo que hace a costumbres y vestimentas.

El atuendo original de un recién desembarcado era túnica y chalina blancas y un cordel atado a la cintura del que colgaba el *maj-bajar*: un rosario de cuentas de madera, metal o nácar que manipulaban permanentemente, ya fuera para rezar o descargar tensiones. Era un objeto muy personal, que no se prestaba por la carga de energía que contenía.

Llevaban el pelo largo, barba y bigotes. Como derivado de la túnica, adoptaron una camisa blanca, sin cuello, abrochada siempre hasta el último botón, que habría de ser su uniforme de campaña en la dura batalla por la subsistencia. Unos pocos traían ya ropa occidental comprada en las escalas de viaje; o se abastecían aquí mismo, en el puerto de Buenos Aires, donde nunca faltaba un criollo atento a las necesidades del turista.

Las mujeres no se cubrían la cara, como tampoco lo hacían en sus aldeas de origen, práctica imcompatible por el trabajo de la tierra. Usaban en cambio una toca sobre la cabeza y batones amplios. Otros lucían babucha y chaquetillas cortas. Algunas renegaron de los zapatos hasta el fin de sus días.

El turco que llegaba solo, al igual que otros inmigrantes, buscaba de inmediato el amparo de sus connacionales. Eran celosos de su intimidad y privilegiaban la casa propia, baluarte de la institución familiar. El padre actuaba como líder y jefe, mientras que el lugar de la mujer se limitaba a la casa. Con las reuniones domésticas que se hacían por las noches, se intentaba la reestructuración de la familia, perdida en parte por el traslado. Los nuevos, que llegaban del mismo pueblo, eran integrados de inmediato, los unieran o no lazos de parentesco. Mientras las mujeres cocinaban, los hombres contaban chistes, los viejos cantaban y los chicos gritaban —tenían muchos—, todo en divina armonía, dentro de un cuarto por demás minúsculo.

La casa propiamente dicha por lo general no era más que la trastienda del negocio a la calle del comerciante instalado. Apenas una cortina separaba la vida pública de la privada. Si la mujer se asomaba por curiosidad al negocio, el marido se sentía con derecho a amonestarla: a tal punto su vida de relación estaba bajo la tutela masculina. El marido tampoco disfrutaba de muchas expansiones; no más que reunirse a jugar a la baraja en mesas donde sólo se hablaba árabe y beber vino tinto o ginebra con entusiasmo oriental.

Si la familia prosperaba, la casa crecía en tamaño pero no en orden y confort. La decoración era estrictamente utilitaria. Lo que se rompía se tiraba sin intentar repararlo. Si una habitación entraba en desuso, la tapiaban.

Las fiestas familiares eran muy divertidas. Bailaban el *dabke*, danza típica, y se acompañaban haciendo sonar un violín de una sola cuerda llamado *rbaba*. La comida del convite no se diferenciaba mucho de la de todos los días, hecha a base de polenta y carne picada. Había empanadas árabes y el famoso *queppe*, especie de pan de carne con cebolla y condimento poderoso.

Formar familia no era cosa que se tomase a la ligera. Los que habían dejado mujer e hijos volvían indefectiblemente a buscarlos aunque hubiese pasado mucho tiempo. Cuando habían abandonado una novia se sentían igualmente obligados: allá los compromisos eran acuerdos de familias celebrados apenas entraban los hijos en la adolescencia. De modo que era común que a la prometida le tocara esperar unos cuantos años el momento de ser llamada a América, sin ajarse, en lo posible, ni perder la virtud.

El queppe

••••••

Es un plato típico de la cocina árabe que perdura entre nosotros. La receta tradicional consistía en hervir granos de trigo y dejarlos secar al sol; tras limpiarlos de impurezas se molían en mortero de piedra y se venteaban para eliminarles la cáscara. Al molerlo se obtenían tres tipos de grano: el muy fino, con el que se hacían panecillos; el mediano que se usaba para el ***queppe****; y el grueso, empleado en guisos como si fuera arroz. Por otro lado se cortaba a cuchillo carne de cordero, cruda, y se machacaba en un mortero. La base del* ***queppe*** *consiste en amasar la carne en partes iguales con el trigo previamente remojado en agua durante treinta minutos. A la masa se le agrega sal y pimienta, y se la transforma en bollos aplastados que se fríen en aceite. Este plato tiene infinitas variantes en cuanto a condimentos y métodos de cocción. En Siria se freía en grasa de oveja; en la Argentina se utilizó grasa de vaca. Hoy se hace con trigo candeal doble fino, que se adquiere en los negocios.*

••••••

Otra variante muy común entre los árabes fue volver al pueblo a buscar mujer y regresar con ella al país de inmigración. Para abreviar el trámite bastaba escribirle a la familia para que le eligiera una, previo inventario de los bienes y virtudes del novio. Tal el personaje de la novela *Eva Luna* de la chilena Isabel Allende:

"Riad Halabí dio una mirada satisfecha a su alrededor y consideró que poseía lo necesario para el contento de una mujer. Entonces le escribió a su madre pidiéndole que le buscara una esposa en su tierra natal. Zulema aceptó casarse con él, porque a pesar de su belleza no había conseguido un marido y ya contaba veinticinco años cuando la casamentera le habló de Riad Halabí. Le dijeron que tenía labio de liebre, pero ella no sabía lo que eso significaba, y en la foto que le mostraron se veía sólo una sombra entre la boca y la nariz, que más parecía un bigote torcido que un obstáculo para el matrimonio. Su madre la convenció de que el aspecto físico no es lo importante a la hora de formar una familia y cualquier alternativa resultaba preferible a quedarse soltera, convertida en sirvienta en casa de sus hermanas casadas. Además, siempre se llega a amar al marido, si se pone en ello suficiente voluntad; es ley de Alá que dos personas durmiendo juntas y echando hijos al mundo, acaben por estimarse, dijo."

En no pocos casos, la decepción era mayúscula. Como era fácil disimular un labio leporino, mucho más lo era abultar por carta el patrimonio para que la interesada se dejase convencer.

El hecho de que los árabes no hayan venido organizados en empresas colonizadoras entorpeció o retrasó su acceso a la tierra. De modo que el comercio —fijo o ambulante— fue lo único que les permitió salir de la miseria inicial. Con las ganancias que obtuvieron así muchos compraron tierras y llegaron a hacer fortuna. Mientras en sus lugares de origen habían sido agricultores, o simples braceros, o criaban gusanos de seda, fue notable cómo se adaptaron aquí a las actividades de compra-venta. De un comercio en pequeña escala, gracias a la feroz capacidad de ahorro y al sacrificio personal, les bastó una generación para pasar a la categoría de comerciante adinerado.

La escala social se dividió así: modestos vendedores ambulantes, comerciantes con pequeños establecimientos habilitados como sucursal, propietarios de negocios, dueños de grandes tiendas que luego se convertían en casas centrales con sucursales, y finalmente propietarios de casas importadoras.

Pero todo empezaba detrás de un mostrador oscuro o con un cajón colgado del hombro.

En Buenos Aires los árabes se instalaron sobre la calle Reconquista entre Charcas y Córdoba. El "barrio de los turcos" incluyó edificios de viviendas, casas de comidas, empresas florecientes y el pequeño boliche de mercería. Algunos sobrevivieron hasta hoy.

Nunca les faltó coraje para lanzarse a aventuras comerciales riesgosas, aun a costa de poner como garantía propiedades de padres o hermanos que después arreaban con la deuda. En eso no había mala fe; era simplemente el modo como se entendían los lazos de familia. En un negocio les podía ir muy mal y en el siguiente hacerse ricos. El clan compartía ruina y fortuna con la misma despreocupada fatalidad.

Considerados parte del grupo familiar, los parientes que iban llegando al país se incorporaban al oficio como vendedores ambulantes conectados a los comerciantes ya establecidos. Un puñado de mercadería que les dieran a crédito o en consignación bastaba para echarse a la calle, sitio impreciso de donde arrancaba la prosperidad.

El recorrido diario lo hacían a pie cargando el *cashe* (cajón) que podía pesar casi cien kilos.

Comenzaron vendiendo artículos religiosos: crucifijos, rosarios y medallas que traían sus parientes desde Monte Líbano y Jerusalén. Los lugares de procedencia de estos objetos los investían quizá de un valor entre cabalístico y sagrado. Lo cierto es que se los sacaban de las manos. Oportunamente, quienes tenían un pequeño capital se dedicaron a importarlos.

Se agregó luego el rubro "mercería", que llegó a ser el más importante. En una etapa posterior se diversificó hacia la ropa blanca, camisería y tejeduría.

Pero la imagen del turco ambulante quedó asociada para siempre a la baratija. El *cashe* desafiaba las leyes del espacio: no podía caber tanto en tan escaso volumen. Lo que le pidieran, tenía, o podía conseguirlo sin falta para el día siguiente. De esa caja de Pandora brotaban hilos, cintas, agujas, botones, alfileres, hebillas, peines, peinetas, aros, broches, anillos, jabones, percal, lienzo, bombasí y frascos de agua florida para perfumar la existencia.

La sujeción doméstica no fue obstáculo para que algunas mujeres salieran a trabajar. La turca sentada en la vereda con un chico en la falda y su canasta de mercancía era escena común en las calles de Buenos Aires. Silenciosa, con los ojos pintados de "kohl", el atractivo exótico campeando sobre la pobreza, constituía una figura enigmática, secreta.

Al promediar la primera década de este siglo, los turcos vendedores de chucherías eran tantos que el negocio se volvió insostenible. La competencia obligó a bajar los márgenes de ganancia y el esfuerzo ambulatorio ya no tuvo compensación. Para conjurar la crisis, muchos de los afectados se trasladaron al interior. Algunos paisanos ya habían probado que las provincias argentinas eran bastante grandes para caminarlas. La clientela estaba desparramada, pero Alá les había dado buenas piernas y no era novedad para ellos transitar desiertos.

Casi una tercera parte de los árabes que llegaron al país se instalaron en la región del noroeste. La mayor parte en Tucumán, zona económicamente desarrollada gracias a la explotación azucarera y a la llegada del ferrocarril. Le siguen en importancia Santiago del Estero, La Rioja, Catamarca, Jujuy y Salta. Alguna similitud tendrían esos territorios polvorientos con el paisaje de sus tierras de origen.

Comparado con las pujantes provincias litoraleñas, el noroeste, sin embargo, era un área aislada. El movimiento que desplegaron los árabes con su negocio al menudeo, al tiempo que cubrió las necesidades de los pobladores sirvió para enlazar los distintos puntos y contribuir a su integración.

Los árabes no formaron casta ni buscaron el aislamiento político o religioso. Se acomodaron al medio sin resistencia. El instinto de conservación los acriolló, aunque los lugareños sonreían al verlos montar a caballo por la derecha y galopar de costado. Las instituciones, la vida pública, no les fueron indiferentes. Se hicieron radicales o lomos negros, pero no adhirieron al anarquismo, tan extraño para ellos como para el nativo.

Félix Luna en su libro *Perón y su tiempo* dice: "Sea por una ancestral necesidad de seguir a un profeta, sea por una racial aptitud para otear el rumbo de los vientos del desierto, sea por una innata identificación con el pueblo criollo y sus sentimientos profundos, lo cierto es que los *turcos* habían clausurado en 1945/46 su tradicional adhesión al partido de Yrigoyen, transmigrando en masa al peronismo. Este fenómeno ocurrió en todas las provincias del noroeste". Comenzaron participando en los asuntos políticos de manera indirecta, pero sus descendientes (los Saadi,

Arabes en Santiago

••••••

La provincia de Santiago del Estero recibió una importante afluencia de sirios y libaneses que con el correr del tiempo alcanzaron gran prosperidad en el comercio. Así se dio el fenómeno de muchos árabes que hablaban quichua con perfecta fluidez, tanto como otros hablaron guaraní en Corrientes y Paraguay.

El árabe siempre se mostró dúctil al aprendizaje de las lenguas locales, y su dominio del quichua rivalizó con el del nativo. Lo aprendió por necesidad comerciando con palabras de las zonas rurales o simplemente escuchando a los parroquianos que se acercaban al mostrador de su boliche.

••••••

los Menem) ya ocuparon puestos destacados: bancas parlamentarias, ministerios, gobernaciones y, en la cima del protagonismo, el sillón de Rivadavia.

Pero los primeros que se internaron en las provincias llevaron una vida durísima. Iban de pueblo en pueblo, adonde los llevara el camino, doblados bajo el peso de la mercadería. Hacían los viajes a pie, hasta que podían comprar un burro o un caballo, o por fin un carro. Las caminatas los dejaban a merced de las inclemencias del tiempo y de los bandoleros. Por otra parte era necesario vencer la resistencia de los potenciales clientes, que de entrada desconfiaron de estos sujetos con idioma, traza y maneras tan raros.

El vendedor llegaba al pueblo tocando *rbaba* para anunciarse. Cuando se acostumbraron a su figura, las matronas y las jóvenes saludaban su visita con ávida curiosidad. Pocas oportunidades había en un pueblo muerto para adquirir lujos ciudadanos o sus imitaciones. El turco las tentaba con moños y telas y puntillas que el tedio de la siesta iba a convertir en vestidos para el paseo dominical. De un perfume, de un polvo de arroz o unos aros de chafalonía que trajera el turco a tiempo dependía el éxito en el baile del club social, la propuesta del candidato y hasta el casamiento.

El turco llegó a ser un personaje bienvenido, invitado casual a los asados y cuchipandas domésticas. Como cita Gladys Josami en su entrevista a Salomón Abou: "Todo era muy triste... dejaba durante 21 días mi casa y nos internábamos por los valles calchaquíes, primero a pie y luego en mula, pues había un solo sendero. Recorría Cafayate, San Carlos, Santa Rosa, Angastaco, Molino hasta La Poma y bajaba por la Cuesta del Obispo. Cuando los criollos nos veían se escondían, nos tenían miedo... Poco a poco se fueron convenciendo de que éramos iguales a ellos. Me ponía ropa de gaucho y en lugar de señas aprendí algunas palabras para poder comunicarme. Siempre dormía en el campo, llevaba poncho y la cama era la montura... Al comienzo lo más difícil era conseguir la comida. Nos costó diez años lograr que los nativos nos tomaran confianza".

Conquistada la intimidad con el criollo, se acostumbraron al asado y al mate. El mate les gustó tanto que los que volvieron más tarde a su patria lo impusieron como hábito. Allá se lo toma en recipientes individuales y lo acompañan comiendo nueces. Siria es el mayor importador de yerba mate.

Este rito de la bombilla y el agua caliente quizá no les resultaba demasiado extraño. Entre los utensilios que los árabes desembarcaron estaba el narguile, una pipa con tubo largo y flexible, un recipiente donde se quema el tabaco y un vaso lleno de agua perfumada a través del cual se va aspirando el humo. Un sofisticado aparato de fumar, en fin, que el tiempo fue desplazando por el más sencillo vicio del mate.

Entre las relaciones que cultivaban en los distintos pueblos no faltó la criolla que los hizo afincarse allí definitivamente. Otras apenas conseguían demorar su paso unos días, en que, por amable trueque, ellas aliviaban la monotonía pueblerina y ellos la soledad de los caminos. Es conocida la leyenda de los turcos nómades, modernos viajantes de comercio, que tenían un amor y hasta una familia completa en cada posta.

Pero el rol de estos mercaderes trotamundos no se redujo a alimentar ilusiones. En un territorio enorme, cuando los medios de comunicación eran escasos y el campo se esforzaba por desarrollarse, los turcos oficiaron de mensajeros particulares y correos para todo asunto, ya que sus rutas iban uniendo con regularidad puntos que de otra manera no se tocaban.

Tal como ocurrió en Buenos Aires, los que llegaron al interior antes de fin de siglo prosperaron más rápido al encontrar menos competencia. En cuanto se lo permitieron sus ahorros, se instalaron en centros urbanos próximos a las zonas comerciales o a las estaciones ferroviarias. En 1913 el 13 por ciento de los establecimientos de la ciudad de San Miguel de Tucumán era de inmigrantes árabes, monopolizando el rubro tienda o tienda-almacén. En los pueblos importantes era de ellos el negocio de ramos generales que vendía desde horquillas hasta remedios y arados. En los lugares donde compitió con otros inmigrantes, el turco fue quien prosperó más rápidamente.

En Tucumán los apellidos Saad, Dip, Faures, Madkur, Fiad, etc., se hicieron conocidos en el comercio y con el tiempo se asociaron a la Banca, a la industria azucarera y a otras actividades agrícolas. También fueron los fundadores de la Asociación Sirio-Libanesa que, como la de Buenos Aires, desarrolló funciones culturales y de ayuda.

En todas las provincias se cumplió un fenómeno similar: a medida que se iban tendiendo vías férreas ellos seguían sus itinerarios; de modo que la historia de las familias afincadas en los pueblos se une como las cuentas de un rosario a los sucesivos puntos donde apareció el ferrocarril.

A principios de 1910, cuando Buenos Aires afinaba los detalles para la gran celebración del centenario, un cable procedente de Fuerte General Roca anunciaba la detención de un grupo de caníbales en Río Negro. La prensa exageraba, sin duda, al remarcar el costado antropofágico del episodio; pero no disminuye esto la crueldad de la matanza que tuvo como víctimas a un grupo de turcos en el sur.

El ferrocarril llegaba entonces hasta General Roca, punto ubicado al norte del desierto territorio rionegrino. De ese centro comercial irradiaba la actividad mercantil hacia los sitios aislados, una vez más monopolizada por los turcos. Estos cargaban la mercadería en Roca y luego se dispersaban solos o de a dos con un capital a cuestas que podía llegar hasta a los dos mil pesos de entonces. Así lo cuenta Pedro Olgo Ochoa en un artículo de la revista *Todo es historia*:

"Jinetes en mansos caballos recorrían enormes extensiones hasta llegar a territorio chileno, de donde regresaban al punto de partida para pagar lo adquirido anteriormente, surtirse otra vez de baratijas e iniciar una nueva gira. El negocio era doble: al regreso, en el lugar que acomodaban la mercadería, cargaban plumas de avestruces y cueros de guanacos."

Nasif Gebey, Salim Namsur, Faid Eldin eran algunos nombres de los casi doscientos turcos que recorrían solitarios esas extensiones enormes.

Tiempo les llevó a los vecinos de Roca descubrir que los turcos que habían salido desde 1905 en adelante no regresarían más. Conjeturas aparte —que se habían extraviado en la cordillera, que un amor los estaba demorando—, el transcurso de los meses hizo crecer la sospecha de que algo muy grave ocurría.

En septiembre de 1909 José Elías salió para su viaje acostumbrado, con la consigna de que si no regresaba a fin de noviembre se hiciera la correspondiente denuncia. José Elías no volvió. Pronto una foto suya reclamaba desde los diarios noticias de su paradero, en tanto la policía informaba de su desaparición a las pequeñas comisarías de provincia.

Como en una clásica historia del "lejano sur" el aviso llegó hasta el pueblito de El Cuy y hasta la oficina soñolienta del comisario José Torino, quien conectó de inmediato el caso Elías con otro hecho que ya le había llamado la atención: a todo turco que pasara por El Cuy en dirección a Lagunitas no se lo volvía a ver en viaje de regreso.

Torino reunió a sus agentes y algunos vecinos, y organizó una batida por la zona.

Cerca de Lagunitas detuvieron a varios indios y un menor, quien confesó que en el toldo de un caudillejo habían asesinado días atrás a tres sirios y que en otras oportunidades habían asaltado a muchos turcos ambulantes. Una información trajo la otra, y en rápido operativo la gente de Torino apresó a los culpables en grupos de tres o cuatro indios.

El instigador y autor principal de los asesinatos era un tal Pedro Vila o Robles o Quelincheo o Giménez. En su casa se encontraron numerosos objetos cuya procedencia no pudo explicar. Los crímenes cometidos por él y otros de sus indios secuaces se venían sucediendo desde hacía cinco años. Se calculó en ciento treinta el total de turcos sacrificados.

Con el pretexto de comprar artículos y prendas de vestir, los indios rodeaban a los vendedores que llegaban a Lagunitas. Así distraídos, se abalanzaban sobre ellos y los mataban para repartirse el botín. Nunca nadie salió con vida de allí, por lo que nunca hubo quien los delatara. Ni siquiera los pulperos, que hacían la vista gorda cuando los indios les cambiaban por alcohol, yerba, tabaco y comestibles las mercaderías robadas a los turcos.

Se apresaron cuarenta y ocho bandoleros y ocho mujeres, que con penoso esfuerzo de memoria fueron brindando a la policía el número de víctimas, las circunstancias y los macabros detalles. Sin aprensión, uno declaró que mientras incineraban el cadáver de un turco, convidó a sus compañeros a probar el sabor de su carne y conocer si había diferencia con la del hombre blanco, el "huinca". Y dio el ejemplo masticando un trozo. En la excitación del crimen y la borrachera, los otros no quisieron pasar por

El turco que juega y sueña

••••••

"En los allanamientos de timbas baratas la policía suele detener frecuentemene a jugadores turquescos que se pierden la mercería en un problemático juego de azar; y digo problemático porque, por lo general, el juego está ya preparado con dos metros de cinta hilera y un corte de bombasí. El resto se lo traga la banca.

"La atracción del azar sobre la fantasía oriental es extraordinaria. La suerte, la suerte inesperada es lo que pone en ese hombre, en apariencia tan fatalista, un frenesí de fuego, que lo impulsa todas las semanas a jugarse en una guitarrita o una quiniela, las míseras economías.

"En los barrios pobres, por ejemplo Canning y Rivera, Junín y Sarmiento, Cuenca y Gaona, los turcos son los principales clientes del quinielero."

••••••

(Fragmento de *Aguafuertes porteñas,* de Roberto Arlt.)

flojos y cortaron cuatro pedazos que intentaron tragar sin lograrlo, superados por el asco.

Lo que no fue más que una siniestra bravuconada quedó consignada en los periódicos como una práctica según la cual los indios se desayunaban con filetes de turco. Estos descendientes de tehuelches y araucanos jamás habían sido caníbales. Marginados por la civilización tras la conquista del desierto, quedaron a medio camino entre la independencia y la integración, flotando en una zona de nadie que los volvió vagos, ladrones o criminales mientras el alcohol los iba embruteciendo.

La opinión pública se sacudió con la noticia de la matanza, aderezada por la condición exótica de estos inmigrantes; aunque el exotismo, como siempre, no fuera más que una condición relativa: para un gaucho o un indio de Quelincheo no habrá sido más estrafalario un turco aceitunado que un galés rubio.

Las fotos de los temibles asesinos mostraron gente miserable envuelta en pobres quillangos que se arrinconaba contra las paredes de la celda, y un comisario que tuvo que marchar veintidós días por terrenos yermos antes de poder comunicar la noticia del tremendo lote capturado.

Mientras una parte de la sociedad se jactaba de su condición "casi" europea y se aprestaba a recibir príncipes e infantes, la otra se mostraba, para quien quisiera verla, en toda su crudeza y violencia. En esos territorios sin amparo habían sido inmolados esta vez inmigrantes turcos. Víctimas de víctimas, en todo caso. Señal de aviso para quienes creían estar a salvo.

9

Gauchos de sinagoga

●●●

El Hotel de Inmigrantes era un edificio de madera enorme y achacoso, comido de moho grisáceo por la proximidad del río y dividido en mil pequeños cubiles que hacían las veces de habitaciones. Tenía la forma de un silo, al que por error del destino se le hubiera encomendado la misión de albergar gente. Un muro de ladrillo de dos metros de altura rodeaba la construcción ocultando la franja de un jardín que más merecía el nombre de pastizal alto.

El personal del hotel, todos empleados de piel cobriza y perfil aindiado, miró con recelo al grupo de recién venidos. Las ciento veinte familias judías que desembarcaron del Weser esa fría mañana de agosto tenían un aspecto tétrico. Las barbas largas, las patillas hirsutas, los gorros enterrados hasta los ojos, los caftanes más abajo de las rodillas, los trapos atados a la cabeza de las mujeres, chorreando agua por la lluvia inclemente, les daban una apariencia de refugiados de guerra o de quienes partieron de prisa hacia el destierro. Venían flacos, pobrísimos y sucios. Crearon, además, una gran confusión: el vapor y el puerto de procedencia eran alemanes; pero sus casas —decían— estaban en Rusia y hablaban una lengua, el *idish*, que era mezcla de varias.

Instalados en el hotel, de los baúles y bultos anudados sacaron a relucir los candelabros, el samovar, las filacterias, la copa de vino ritual, los rollos de la Ley y los libros santos. Eran gente abstraída, de rezo prolongado, apegada a su fe y sus tradiciones, las que no tardarían en impactar de modo alarmante en las sencillas costumbres locales.

El menú del hotel se componía de café con pan a la mañana, y dos veces al día un caldo con carne, esbozo del puchero. A la hora de comer los recién llegados se acercaron a la mesa con el hambre debida. Le habrán dicho a la prole impaciente: *Di borscht is fartick* ("la sopa está lista"). Pero cuando el rabino hundió la nariz ganchuda en el plato de hojalata y descubrió los trozos de carne flotando, frunció el ceño y desaprobó con la cabeza. Seguramente esa carne era *trefá*, es decir no apta para ser comida por un judío que respetara las normas sagradas.

En ese momento habrán comenzado espinosas negociaciones para conseguir lo que era aun más difícil de explicar.

Las autoridades del hotel tuvieron que acceder al fin al desusado pedido: ganado vivo y utensilios para que los judíos lo sacrificaran según sus ritos. En cuestión de hábitos raros, nadie había llegado tan lejos como estos rusos, que durante las horas de las comidas hacían rancho aparte del resto de los huéspedes por aquello de que la virtud y la impiedad no se juntan en la mesa.

Poco a poco las ciudades y el campo habrían de acostumbrarse a las modalidades culinarias de los hebreos, así como a otras costumbres vinculadas con su religión. La carne *kasher* —apta para el consumo— se obtiene matando al animal con un cuchillo sin mella para que no sufra y desangrándolo en un recipiente de agua con sal. Es sacrílego todo lo que lleva sangre. El origen de la prohibición se remonta a un mandato bíblico, aunque quizás estuviera asociada también a una cuestión de higiene, entendiendo que así se evitaba la trasmisión de enfermedades.

En un país donde el carnear bestias y asarlas al descuido eran cosa de todos los días, muy extraño debió resultar el ritual purificador de los judíos, para quienes el *schójet* o matarife resultaba un sujeto irreemplazable: investido de los poderes del saber, era el encargado de los sacrificios y esa su única misión.

Aunque ya había judíos en la Argentina —en 1862 se funda la Congregación Israelita de Buenos Aires— los viajes del Weser constituyeron el primer contingente inmigratorio. Sumado al que llegó tres años después, ellos descubrieron para el común del pueblo los alcances de estas prácticas inscriptas en el *Talmud*, libro de comentarios sobre los textos bíblicos hechos por los rabinos.

Las leyes de la alimentación *kasher* autorizan a comer sólo los animales que tienen la pezuña hundida y son rumiantes; entre los frutos de mar, sólo los peces con aletas y escamas. De la aves, sólo las domésticas. Entre los mamíferos permitidos, además, no todas las partes son buenas: debe desecharse el sebo que rodea las tripas, los tendones y los cuartos traseros del animal porque contienen el nervio ciático. Es tan absoluto el tabú de la sangre, que hasta se descartan los huevos con coágulos. En una misma comida no se pueden mezclar la sangre y la leche, pues señala la Biblia que "no guisarás el cabrito en la leche de su madre". Todas las comidas hechas a base de leche, manteca o queso se cocinan con utensilios especiales que no se mezclan con los usados para la carne —ni siquiera se lavan juntos— y ambas clases de platos no conviven en un mismo menú.

Cada vez más aliviadas con el transcurso de las generaciones, estas prácticas persisten sin embargo entre los ortodoxos, y es común hoy observar en los barrios judíos las carnicerías *kasher* supervisadas por el rabinato. Pero en los comienzos, cuando el país no daba para finezas, estas restricciones alimentarias les complicaron la vida; cerdos, liebres, conejos y tantos animales silvestres que habían aliviado los estómagos de otros inmigrantes circulaban libremente ante los ojos impávidos del judío que prefería pasar hambre antes que comerlos.

Estos preceptos, más otros ritos culinarios ligados a sus festividades, eran observados por los dos grandes grupos en que se divide la población judía: los sefaradíes y los ashkenazi. Los primeros son judíos de origen español que se dispersaron luego de la Inquisición por la zona del Mediterráneo. Los que llegaron a la Argentina eran marroquíes, damasquinos, alepinos, y los de habla judeo-española que se expresaban en "ladino", una especie de español antiguo. En general permanecieron en la ciudad y se dedicaron al comercio. Los ashkenazi eran originarios del este de Europa, principalmente Rusia, Polonia y Rumania. Hablaban idish, fueron más conservadores de sus tradiciones, y pertenecían mayoritariamente a este grupo los que se radicaron en el campo.

En el libro *Los inmigrantes judíos*, leemos:

El idioma idish

•••••• *"La aventura de este idioma comienza allá por el año 1000 de nuestra era con el asentamiento, en las márgenes del Rhin, de grupos de judíos provenientes del norte de la actual Italia y del sur de la actual Francia. Esos judíos traían consigo un léxico integrado por términos románicos, y por expresiones hebreas y arameas tomadas de las plegarias cotidianas.*

"En su nuevo asentamiento, de los tres componentes —el románico, el hebreo arameo y el germánico— surge un nuevo idioma, escrito con caracteres hebraicos: el idish. Las cruzas ponen a ese idish primitivo en contacto con lenguas de un riquísimo folklore, que le otorgan un sabor peculiar. Ese componente —eslavo, rumano, ucranio, ruso, polaco—, es el cuarto elemento fundante del idish. Idioma sin territorio, sin estado, sin gobierno, sin ejército, el idish creó una singular literatura universal,

•••••• *tan rica como poco conocida."*

(Fragmento de *Crónica de cuatro décadas de vida judeo-argentina*, de Eliahu Toker.)

"Desde el Hotel de Inmigrantes se echaron a andar, a recorrer Buenos Aires. Algunos deambularon solos, no tenían ningún paisano que los orientase. Otros, ayudados por algún gringo, hermano de origen, pudieron comprender algo de la gran ciudad. Buenos Aires, 'la París de América del Sur', necesitaba mano de obra de todo tipo. Y fueron los inmigrantes los que aceptaron sin miramientos lo que se les ofrecía. A pesar de los obstáculos, la integración socioeconómica y laboral fue positiva. De la noche a la mañana un ciudadano de Ekaterinoslav se transformaba en un vendedor de carbón, una madre en una cocinera."

Los primeros comerciantes judíos fueron modestos tenderos, ropavejeros y cambalacheros instalados en la calle Libertad. En 1894 aparecen las primeras mueblerías y después los negocios de venta de telas, manteles y objetos domésticos. Nacen en principio para abastecer a los paisanos pobres, pero luego adquieren la solidez de los comercios perdurables.

En el conventillo, los "rusos" convivían con los turcos, los tanos y los gallegos. Allí aprendieron a tomar mate. Los judíos de Europa oriental sustituyeron con la nueva infusión el humeante vaso de té que a toda hora los esperaba en el samovar. Valía el mate como excusa para conocerse, integrarse y limar desconfianzas, cuando en la rueda del patio, al atardecer, todos se reunían para hablar de fatigas y trabajos.

Como los árabes, muchos judíos fueron vendedores ambulantes: los *cuentenik*, para la colectividad. También cargaron valijas de chucherías y grandes bultos a la espalda, de donde salían mágicamente piezas de telas de colores. Pasado el tiempo, con esta ganancia más algunos rublos o mizcales que traían cosidos a la ropa desde sus lejanas tierras, alquilaban un zaguán a la calle y se libraban para siempre de la intemperie.

Como sin querer, la comunidad se aglutinó en el barrio del Once. Allí se juntaron los ricos y los necesitados, los peleteros, los sastres y los remendones; las casas de comidas típicas, los comercios fragorosos, la sinagoga y la Jevrá Kedushá (Amistad Sagrada), institución que ayudaba a los sin amparo. Por sus calles se ajetreaban los religiosos de sobretodo negro, los casamenteros que tejían arreglos de bodas y las *idishes mames* que regateaban con enérgica convicción haciendo valer las monedas con que alimentaban a la prole numerosa.

Fue así como en una misma zona unieron la vivienda, el trabajo, la actividad social y religiosa. Por otra parte, los judíos observantes siempre intentaron vivir cerca del templo porque en la celebración de una de sus fiestas, el *shabat*, no podían dirigirse a él en transporte alguno sino a pie. Ruidoso y enmarañado, el barrio judío ya de este siglo, es descrito por César Tiempo en la introducción a *Pan criollo*:

"Atravesemos la calle Junín, de Corrientes a Tucumán, o en sus alrededores, a cualquier hora del día, y podremos darnos de narices con una multitud abigarrada de barbas proféticas, amarillentas sonrisas, ojos verdes y azules; salpicando el cuadro matronas en perpetua gravidez, apellidos intransitables cabalgando sobre los turbios cristales de los comercios escuchimizados y muchachas en flor cuya alegría prenupcial es el candelabro fragante que arde en la mano oscura del ghetto."

Villa Crespo, Almagro, La Paternal, Caballito, Flores y Barracas también tentaron a la comunidad. Una familia que se instalara atraía a las demás como un imán. Pero es el Once el que conserva, renovados, el sabor y el espíritu de la vida judía. Es allí donde el perfume mezclado del *koilech* y los *béiglaj* tienta desde las confiterías el paso severo de los religiosos con trenzas y de los muchachitos que concurren al templo, cubierta la nuca con el *kippá*. Es el único barrio que en ciertas épocas cambia de fisonomía, festeja o se recoge, según el particular almanaque de su fe.

La religión judía se maneja con el calendario lunar, por lo que las fiestas no tienen una fecha fija identificable en nuestro calendario solar; son móviles año a año. Por esta misma razón los días comienzan al anochecer, con la aparición de la primera estrella.

Hay dos tipos de celebraciones en la religión judía: las dedicadas a la vida agrícola que llevó el pueblo durante siglos, y las

Con poco, mucho

•••••• *En el prólogo del libro* ***La cocina judía****, Jorge Shussheim ilustra con un cuento la habilidad del judío pobre para obtener una comida sabrosa cuando faltan ingredientes:*

"Había una vez un schnorer *—vagabundo— que, durante una de sus giras de mendicidad profesional fue convidado —en casa del millonario del pueblo— con un pedazo de torta. Tan extraordinario le resultó este nuevo y raro manjar que exigió la receta de esa maravilla. Llegado que hubo a su casa, se entabló el siguiente diálogo con su señora esposa:*
"—Iajne Dvoshe, quiero que cocines la torta más rica del mundo. Esta es la receta: Se toman seis huevos...
"—Huevos hay uno solo, Itzik...
"—Uno entonces, y medio litro de crema fresca.
"—¿Crema? ¿Qué somos ahora? ¿Los Rotschild?
"—Bueno, cuajada en vez de crema. Y se agregan dos libras de harina de trigo y una de azúcar blanca.
"—¡Ja! ¡Harina de centeno y un poquito de azúcar morena es todo lo que hay en esta casa!
"—...y 250 gramos de pasas de Corinto y otro tanto de avellanas y un buen pedazo de manteca y mezclar bien y...
Iajne Dvoshe agregó, en uno de sus escasos silencios, cuatro pasas medio apolilladas, unas nueces y un pedacito de margarina y revolvió todo y cocinó.
"Y cuando Itzik probó su famosa torta bajo la variante Iajne Dvoshe, su único comentario fue:
"—Francamente, no sé por qué les gusta tanto a
•••••• *los ricos esta porquería."*

puramente religiosas. Entre éstas se destacan el Año Nuevo (*Rosh Hashanah*), el Día del Perdón (*Yom Kippur*) y la Pascua (*Pesaj*). Todas ellas celebran la vida, la tradición y el alimento; de ahí que el menú y el ritual de cada festividad simbolice etapas de la historia del pueblo judío a lo largo de su dispersión por el mundo. Además, hay ritos importantes que hacen a la existencia cotidiana, como la manera de sobrellevar el duelo, y el *shabat*.

Los primeros siete días después de la muerte de un ser querido son de dolor profundo. Los hombres no se afeitan, tapan los espejos y objetos de adorno, se sientan sobre sillas bajas como señal de aflicción y rezan, aunque para rezar debe reunirse un mínimo de diez hombres. Después se retoma la vida normal y no se puede volver al cementerio hasta treinta días después del entierro porque se considera que eso sólo trae más tristeza. Durante ese mes no escuchan música ni concurren a lugares de recreación. Una vez enterrado el cuerpo, no se puede mover más de la parcela de tierra que le haya tocado ("Eres polvo y al polvo tornarás"); de ahí que la comunidad se aseguró terrenos para sus propios cementerios. La ceremonia del entierro es simple. De acuerdo con la tradición, el ataúd debe ser modesto, sin ninguna ostentación. La muerte nivela a ricos y pobres, y esa igualdad aparece impresionante en los viejos cementerios judíos, donde hileras de monumentos austeros, sin flores ni adornos escultóricos, exhiben apenas una inscripción en letras hebreas que informan del corto lapso entre el nacer y el morir.

Se advierte que la mujer está exenta de la mayoría de los deberes religiosos porque se privilegia su rol de esposa y madre. No debe leer ni estudiar la Biblia (*Torá*), y cuando va al templo permanece separada de los hombres ya que la proximidad de los sexos podría distraer el fervor piadoso.

En cambio, ella es la reina del *shabat*.

Ella es la que, con la primera estrella del anochecer del viernes, enciende las velas sagradas al día bendito esparciendo paz y felicidad en su hogar. Celebración profundamente familiar y entrañable al pueblo judío, el *shabat* es la única fiesta que se menciona en los Diez Mandamientos; el cuarto enseña a abstenerse de todo trabajo en el séptimo día de la semana y destinarlo al fervor religioso, la reflexión moral, al íntimo regocijo del espíritu. Lleva en sí un mensaje de misericordia e igualdad: "porque descanse tu siervo y tu sierva como tú". El trabajo, se interpreta, no tiene sentido sin la tranquilidad y el reposo contemplativo que le siguen. El sábado recuerda el ritmo de la creación divina del universo, el día en que Dios descansó y convocó a la grey a pensar en él. El sábado echa luz sobre los otros días. Las velas sabáticas que la mujer enciende ritualmente encarnan el regocijo. Ella pronuncia una bendición y se cubre los ojos con las manos para apartar de sí las inquietudes diarias. Con orgullo se exhiben los candelabros con que los antepasados familiares adornaban la mesa del sábado.

Ese día no se puede cocinar, viajar, prender fuego, comprar, vender, hacer trabajar a los animales ni acometer esfuerzo alguno. La cena, tranquila y festiva, reúne el vino, el pan blanco, el pescado relleno y los manjares de la cocina tradicional que la familia puede permitirse. La madre ha preparado todo eso el día anterior. El *shabat* es el hogar, la mesa tendida, la bendición de los hijos. Símbolo de la fertilidad y la perpetuación, se renueva con la estrella primera de cada viernes.

"En otros términos, rabí Favel Duglach tenía alma de poeta.

"En su espíritu se habían fundido las tradiciones hebreas y gauchas. Aquel judío, flaco y amarillento como una llama, sentía la poesía criolla del valor en la misma forma que exaltaba al relatar, ante el auditorio acostumbrado, algún episodio de la Biblia. Entonces animaba sus ojos una luz extraña, y todo su ser marchito y triste volvíase tenso y vibrante.

"Era una figura original. Su garfiuda nariz se extendía por todo el rostro. Larga melena y larga barbas le daban prestancia fantástica; las bombachas y el requintado chambergo exageraban aun más su absurda silueta.

"Rabí Favel solía decir:
"—Soy un gaucho judío."

Bajo ese título, *Los gauchos judíos*, Alberto Gerchunoff agrupó las escenas más ricas y coloridas de la vida de los conglomerados hebreos del interior. Hijo de inmigrantes rusos llegados en el siglo pasado, su infancia transcurrió en las colonias Moisesville y Rajil. Al amor por la tierra que lo vio crecer y en la que se formó como escritor, se unió el profundo afecto por sus raíces, y de ellos nació este libro pintoresco. Las colonias donde se crió Gerchunoff —al igual que otras— se desarrollaron gracias al impulso de un europeo obcecado, el barón Hirsch; un hombre que vio en este país una salida a los problemas de los judíos del sur de Rusia.

Hacia 1880 y hasta la caída del régimen zarista, la situación de la comunidad judía de la Rusia meridional se fue tornando cada vez más intolerable. Las persecuciones religiosas, los impuestos con que agobiaba al campesinado una nobleza voraz, los impedimentos para ejercer libremente sus profesiones, las trabas para acceder a las tareas agrícolas, fueron acorralándolos en zonas de residencia miserables permanentemente hostigadas. La situación culminó en expulsiones y matanzas, y en la necesidad de buscar otras tierras. "Era el tiempo —dice Gerchunoff— en que las leyes excepcionales se multiplicaban en el santo imperio de la Rusias. Las picas de los cosacos demolían sinagogas antiguas y los viejos santuarios traídos de Alemania, santuarios historiados, solemnes y nobles, en cuyo remate resplandecía el bitriángulo salomónico, eran conducidos por las calles en los carros municipales."

En 1881, por decreto del gobierno de Roca, se promovió la inmigración israelita. La ley de 1887 que autorizaba la entrega de pasajes financiados se publicitó por toda Europa y llegó a conocimiento de los judíos rusos. Debido a esta iniciativa llega al país el contingente del vapor Weser, que tras innumerables avatares recaló en tierras de Santa Fe, cerca de la estación Palacios.

La decepción de este grupo fue grande ya que sus expectativas se cumplieron sólo en mínima parte. Vivieron en vagones o en chozas de lata, casi sin herramientas ni provisiones ni abrigo. A dos años de su llegada, el diario *La Nación* dice que la vista del poblado es la de un campamento militar: "A uno y otro costado de la calle se acaban de construir veintiséis casas de tierra pura y techos de zinc, que aunque de feo aspecto siempre será mejor que las carpas en las que viven los futuros colonos como sardinas en tabales... Los hombres son altos y bien proporcionados. A primera vista se nota que no están avezados en las tareas del campo pues ni sus rostros están curtidos por el sol ni sus ropas son las que cuadran a los que se entregan a las rudas tareas del campo. Usan por lo general gorro, levita y sobretodo en estado deplorable, pantalones y calzado insufribles... Las mujeres andan peor vestidas que los hombres. Cubren sus cuerpos con telas ordinarias y generalmente sucias, andan descalzas y el cabello lo tienen descuidado, como los hombres la barba... En el interior de las que allí se llaman casas no se ven muebles de ninguna clase, salvo en muy pocas, donde hay camas. En algunas carpas viven dos o más familias... La alimentación de esta gente consiste en harina y carne que se les suministra dos veces por semana. La carne que se les da es de vaca y aceptan sólo cierta parte. La otra parte se guardan muy bien de comerla, lo mismo que la carne de cerdo... Hemos visto cocinar en tarros de lata viejos, que suplían la falta de ollas".

Las quejas de los colonos ante el propietario de las tierras que no había cumplido sus promesas y la resistencia de éste a aceptar costumbres tan extrañas fue generando un conflicto que se agravó por las discusiones internas del grupo. Las familias comenzaron a dispersarse, algunas hacia la ciudad de Santa Fe y otras hacia la Capital y los pueblos circundantes. Este contingente, sin embargo, echó la semilla de lo que luego sería la colonia Moisesville.

El fracaso de este primer intento sirvió, no obstante, como aprendizaje.

A la memoria de su único hijo, muerto en 1887, el barón Mauricio Hirsch, poderoso financista internacional, creó un fondo destinado a mejorar la instrucción de los judíos en Rusia. Ante el rechazo de su proyecto por parte del gobierno ruso y el recrudecimiento de las persecuciones, inició tratativas para que se trasladaran a Inglaterra, Estados Unidos, Francia y Alemania. En todos los casos con respuestas negativas.

Paralelamente la Asociación Judía de Londres le propuso crear una empresa colonizadora de gran alcance. El informe positivo que luego de su visita a la Argentina le presentó el médico higienista doctor Lowenthal, lo decidió a fundar una entidad para encauzar la inmigración hacia este país. Con 50 millones de francos creó así la Jewish Colonization Association, pese a la oposición de las principales asociaciones judías europeas que querían derivar la inmigración hacia Palestina, la tierra de sus antepasados. Como esta empresa parecía imposible, apoyaron al barón.

Este personaje, heredero de banqueros y empresarios, era hombre de decisiones fuertes. Dispuso que todos los candidatos al viaje debían cortarse los caftanes y las barbas para mejor asimilarse al país. No creía en el sionismo ni en las actitudes segreguistas del judío, sino en su integración.

En 1891 llegaron en cinco buques 1.435 inmigrantes que iban a distribuirse en las tierras compradas por la JCA en Santiago del Estero, La Pampa, Buenos Aires y Santa Fe. Allí, con mayor o menor fortuna, fueron brotando cerca de veinte colonias que, a lo largo de los años, sufrieron varios desprendimientos. En ellas los judíos repitieron las dificultades de otros grupos de inmigrantes, agravados por el hecho de que la JCA desalojó a los que no cumplieron sus contratos y expulsó a los elementos que consideró indeseables, desvirtuando un tanto los objetivos altruistas de su fundador.

La primera fue colonia Mauricio —bautizada así en homenaje al barón Hirsch— en las inmediaciones de la estación Carlos Casares, en la provincia de Buenos Aires. La segunda fue Moisesville, en Santa Fe, nacida con los primeros desembarcos de judíos; estas tierras fueron adquiridas por la Jewish, que refloτó el sitio hasta convertirlo en modelo de colonia agrícola.

La actividad de todas ellas se centró en los productos de granja, la industria quesera y lechera, la cría de ganado para frigoríficos y todo tipo de cultivos industriales. La empresa del barón creó setenta y ocho escuelas hasta los primeros años de este siglo y, para acelerar la integración, contrató profesores sefaradíes que enseñaran la lengua española. En 1899 la comunidad tenía 16.000 personas. A partir de 1900 el número de inmigrantes

Eli, eli, lamma sabactani

•••••• *"Benevolente, itálico Adonai,*
tío lejano,
viejo pariente en fotos amarillas,
te ruego que me perdones la demora
en contestar tu amable carta,
pero debo decirte:
estoy en Buenos Aires, en América,
tengo que hacer el mundo en cinco días,
no tengo tiempo,
pienso que podría afectarte el corazón
esta enorme locura,
por lo tanto es mejor que te quedes en Turín,
que te quedes
a principios de siglo
abrigado y en paz
y que me dejes inventándolo todo desde el principio.

Te saluda y a veces te recuerda
con pavota nostalgia:
•••••• *tu sobrino."*

(Tomado de *Cuestiones con la vida,* de Humberto Constantini, escritor argentino de origen judío italiano. El título, en arameo, significa "Señor, por qué me has abandonado".)

creció con fuerza y el pico se produjo al estallar la guerra ruso-japonesa en 1904. Según el Departamento de Inmigración, en 1905 entraron 10.000, entre los que venía mano de obra calificada.

Como una novedad en el país comenzaron a desarrollarse las cooperativas rurales. Este modelo de organización fue decisivo para el impulso de las colonias judías. Las cooperativas anticipaban dinero a los colonos, les proporcionaban semillas, carros, herramientas y artículos de consumo a bajo precio, vendían en común los productos de la tierra, y mantenían hospitales, bibliotecas, cementerios y centros culturales.

Pero los primeros cronistas judíos describen solamente sinsabores. Por ejemplo, el terror que provocó en los pioneros la aparición del pampero, viento mítico cuya llegada les comunicaron los baqueanos con supersticiosa inquietud; o cómo en el primer campamento que fue colonia Mauricio llegaron a consumir carne cruda, calentando lo indispensable con bosta como único combustible; o cómo los rigores de enero trajeron una epidemia de tifus que los sorprendió sin médico ni medicinas ni sitio donde atender a los enfermos. Alertados por la triste señal de haber tenido que construir un cementerio antes que sus propias casas, muchos claudicaron. La Jewish mandó pasajes de vuelta para los que no pudieron soportar esa vida.

Poco a poco las cosas mejoraron en las colonias y el judío se apaisanó. Sin resignar del todo las barbas largas y los caftanes, fueron incorporando el estilo de nuestro hombre de campo, tomando la contextura y el color de los que viven al aire libre. Como la mayoría no dominaba este tipo de tareas, la administración de la colonia les puso instructores criollos que les enseñaron a atar los bueyes y manejar el arado.

Mucho debió sorprender a estos gauchos que el día sábado sus discípulos no trabajaran ni cabalgaran ni encendieran fuego ni les dieran de comer a los animales; y mucho más escuchar los nombres con que bautizaban a sus bueyes: "Zar", "Moscú", "Alejandro III".

Describe Gerchunoff al colono viejo:

"Cuando sus hijos y sus nietos debían trazar los surcos iniciales de las amelgas, rabí Guedalí guiaba el arado. Era éste un acto inaugural y solemne, y el anciano le daba el sentido religioso que este sencillo procedimiento tiene en el tratado agrícola del *Talmud.* Arropábase en su grueso gabán de pieles, y puesta la bandera en el término del predio, sostenía los manubrios de hierro del arado cuyo crujido, al abrir la dura tierra, acompasaba el tranco tardo de los bueyes. Realizada la breve tarea, sentábase sobre una piedra y miraba el trabajo de los mozos, animándoles con su palabra y sus gestos:

"—Acuérdate, Abraham, hijo mío; acuérdate Jacobo, bien mío, que es difícil sacar el pan de la tierra, pero sólo de la tierra lo sacan los hombres honrados."

Las dificultades y la falta de experiencia se fueron superando y los judíos retornaban en nuestro suelo a una tarea pastoril, bíblica, hincada en su religión y tradiciones. A sus hábitos se agregaron el asado compartido bajo un monte de árboles, las alpargatas, las bombachas, la faja y el pañuelo. Como buenos discípulos de la tierra aprendieron a hacer hornos de barro, lo que les permitió reemplazar la dura galleta por pan fresco. En esas cosas simples encontraron la razón para seguir creyendo, y la alegría de vivir en el trabajo sin esclavitud.

"Labriega —vuelve a decir el poeta—, tú me recuerdas las mujeres augustas de la escritura. Tú revives en la paz de los campos las heroínas bíblicas que custodiaban en las campiñas de Judea los dulces rebaños... Repites sus tareas bajo el cielo benévolo y tus manos atan las rubias gavillas cuando el sol incendia, en llamas de oro ondulante, las olas de trigo, sembrado por tus hermanos y bendecido por el ademán patriarcal de tu padre, que ya no es prestamista ni mártir, como en la Rusia del zar."

Al judío le entusiasmaron las escenas criollas. "El pial bien echado, el corcovo peligroso, el enlazamiento realizado con maestría le arrancaban exclamaciones de júbilo. A menudo veíase al enteco judío mezclarse en las tareas del gauchaje y pialar y enlazar a la par de ellos a los novillos chúcaros. El caballo más bravo le obedecía como mansa criatura y cedía a la firmeza de sus tercas espuelas... En torno del brasero encendido oía los relatos del paisano, y cómo éste sabía rasgar la deshecha guitarra."

Entre domas y bordoneos no faltó la muchacha judía seducida por el peón. Desafiando la autoridad paterna y las reglas de

Los impuros

La reacción antisemita de la clase conservadora argentina se vio reforzada por la aparición de una sociedad de judíos polacos, rusos y rumanos dedicada a la trata de blancas. La sociedad "Varsovia" —que luego derivó en la "Asquenasum"— y la "Zwi Migdal" traían bajo engaño y promesas de casamiento a grupos de jóvenes de los países del este europeo para ponerlas a trabajar en prostíbulos. Bajo el rígido control de la organización, las mujeres eran vendidas en subasta y quedaban al arbitrio de un ***caften*** *que vivía de ellas y las protegía en tanto fueran "mercadería" sana y rendidora. Al rufián que perdía una mujer por enfermedad o incapacidad se lo indemnizaba con 2.500 pesos. La "Zwi Migdal" llegó a tener 500 socios, que controlaban 2.000 prostíbulos en Capital e interior, en los que trabajaban 30.000 mujeres.*

La comunidad israelita condenó y segregó a los miembros de estas sociedades refiriéndose a ellos como los "impuros". El rabino se opuso a que entraran en el templo y tuvieron un cementerio propio, separado del resto de la colectividad, en Avellaneda. Aún hoy la lectura de los textos de las lápidas señala la presencia —ausencia— de rufianes y regentas de prostíbulos: "La sociedad Asquenasum a su distinguido socio", "A Berta S., sus amigas".

la comunidad que se oponía a los casamientos mixtos, se enamoró del criollo más diestro o del que mejor acariciara sus oídos con las coplas dulces de la tierra, aunque no entendiera ella el significado de las palabras. Al principio el romance se ocultaba entre las hileras del trigo; pero pronto la falta se volvía tema de los chismes de sinagoga. El padre juraba que su hija no se casaría con un cristiano. Como otra Camila, la muchacha hebrea huía entonces en la grupa de un alazán prendida a la cintura de su novio; o, menos románticamente, en sulky. La perseguía la vergüenza de la familia, que sólo a veces, con los años, perdonaba.

Personajes relevantes de la comunidad fueron el médico y el alcalde.

El primero, no tanto por su ciencia positiva en el componer cuerpos, sino porque a falta de medicinas estaba obligado a ser filósofo. Así razonaba frente a un paciente el doctor Noé Yarcho, médico de pueblo, según Gerchunoff:

"—Le aconsejo comer un poco de carne, no afligirse demasiado y no tomar más remedios. Hay personas a quienes los remedios dañan. ¿Qué plato le gusta más? ¿Niños envueltos en hojas de viña o pescado relleno? ¿Tal vez pasteles de papa con chicharrones? Si ando por allí, no se olvide de convidarme. Ah, en cuanto a la pierna... no le haga caso. ¿Para qué nos da piernas el buen Dios si no es para que nos duelan? ¿Quiere usted una prueba de lo que digo? Don Isaac nunca se queja de las piernas y es porque nació sin ellas. ¿No es infinitamente mejor, le pregunto yo, que duelan como le ocurre a usted y no que no duelan, como le ocurre a don Isaac?"

El puesto de alcalde era el más codiciado entre los vecinos respetables. Se elegía según reglas democráticas en votaciones disputadas, no sin antes haber exaltado en asamblea las virtudes de los candidatos.

Pero desde el mismo momento en que era ungido, comenzaba a padecer una oposición mayoritaria y enconada. Al igual que en otras comunidades, el alcalde no tenía sino funciones de mediador en las grescas de vecinos, pero disfrutaba de prestigio y envidias mal disimuladas. Y esto sólo porque en los actos oficiales actuaba como representante de la colonia y era quien estrechaba la mano de alguna autoridad de paso o del enviado extraordinario de la Jewish.

Con el alcalde en primera fila, la judería criolla festejaba en los pueblos el 25 de Mayo y el 9 de Julio. Su figura, agobiada de solemnidad, presidía los actos cuyo significado se le escapaba. Con unción total, la misma que ponían en las fiestas sagradas, estos desarraigados de Ucrania, Austria, Rumania, escuchaban las estrofas del Himno Nacional. No lo comprendían los israelitas, pero al llegar a la palabra "libertad" volvía el recuerdo de la antigua esclavitud, la amargura y las persecuciones seculares. Los ancianos asentían moviendo las barbas proféticas. Tal como les había augurado el rabino en Odessa, acá nadie los segregaba. El sombrío imperio de las Rusias quedaba atrás. Acá el cielo era distinto.

10

Franceses y alemanes en tierras de Pincén

Mientras las estrofas del Himno Nacional conmovían el corazón de los judíos de Rajil, otro grupo de inmigrantes arraigados a 130 km al norte de Bahía Blanca ensayaba una versión a su manera:

> "Entendez mortels le cri sacré
> Liberté, liberté, liberté..."

Sólo que allí se cantaba todos los 14 de Julio en conmemoración de la toma de la Bastilla y era seguido por las notas de la Marsellesa. Con desfiles, cañonazos, discursos y premios artísticos, los franceses celebraban solemnemente su fecha patria en Pigüé, un pueblito barroso de la pampa donde todavía se agitaba el fantasma de las chuzas indias. Provenían de Aveyron, departamento situado en una fértil altiplanicie del sur de Francia.

En rigor, Francia tuvo para la Argentina mayor peso en lo cultural y científico, en lo económico y financiero, que como país proveedor de colonos pastoriles. Desde mediados del siglo pasado colocaba sus capitales fuera de su territorio y estaba unida al país por inversiones fuertes en el rubro de transportes y servicios.

En la década del '80, Francia es el principal proveedor de Argentina y el segundo comprador de sus productos. Es entonces cuando se produce la llegada de los primeros capitales y, tras una

Las ciudades se afrancesan

•••••• *Durante más de un siglo la Argentina vivió una dependencia cultural de Francia extremadamente vigorosa. Artes, letras, ciencias, ideas filosóficas y costumbres fueron modelo para los sectores intelectuales y adinerados del país. Como presencia visible queda la arquitectura de las grandes ciudades, especialmente Buenos Aires. Las autoridades nacionales y los particulares contrataron arquitectos franceses para encargarles la construcción de edificios públicos y viviendas. Surgieron enormes palacetes con altas puertas-ventanas, portones negros de hierro forjado, brillos de bronces, patios para carruajes y buhardillas con techos de pizarra en declive (**mansardes**), necesarios en aquellas latitudes por las precipitaciones de nieve, pero inútiles aquí, donde apenas se copiaba una moda. A este estilo corresponden el Centro Naval, el Círculo Militar, el palacio Errázuriz, el palacio San Martín, donde hasta hace poco funcionó la cancillería, y numerosos edificios de embajadas —entre ellas, la francesa— que se alinean en el barrio norte. Los bosques de Palermo fueron diseñados según la concepción paisajística del Bois de Boulogne, situado en las afueras de París.*

La presencia de arquitectos franceses y sus obras dieron lugar a la formación de una Escuela de Arquitectos con programas similares a los de la Escuela de París, de la que egresaron conocidos profesionales argentinos como Bustillo, Christophersen y Becú. Se rompe así la herencia colonial y la tradición española en la arquitectura. ••••••

prolongada pausa durante la crisis del 90, las inversiones alcanzan cifras máximas entre 1902 y 1913. El primer destino de los capitales fue el empréstito público; luego compitieron con los ingleses en la explotación de los ferrocarriles. En la región chaco-santafecina, en la pampa bonaerense y el litoral rosarino se extendieron las redes de las compañías de *chemins de fer*. Pero pronto estas empresas perdieron poder en la pugna con las líneas inglesas; éstas pudieron bajar sus fletes debido a que su mayor envergadura les permitió soportar pérdidas parciales.

Sin embargo los franceses predominaron sobre los ingleses en la administración de puertos y en los créditos hipotecarios. En la primera década de este siglo crearon dos bancos fuertes e iniciaron la explotación del puerto de Rosario.

A través de todas estas actividades, sumadas a los proyectos de tecnificación del agro, los franceses contribuyeron en mucho al desarrollo de la región pampeana. Su aporte en tanto colonos propiamente dichos se centró en la localidad de Pigüé, en tierras vecinas a la sierra de Cura Malal, entregadas al coronel Plaza Montero después de la campaña al desierto.

Estas tierras fueron compradas por un criollo de origen irlandés, Eduardo Casey, quien se comprometió a fundar tres pueblos a lo largo del Ferrocarril Sud, donde estaban previstas otras tantas estaciones; una de ellas, Pigüé. Un francés nacido en Aveyron, que actuó como asesor militar del Ejército argentino, entró en conversaciones con Casey y se ofreció como gestor para la radicación de compatriotas suyos. Se llamaba Clemente Cabanettes.

La gestión de Cabanettes en Francia estuvo a punto de fracasar por motivos previsibles: los hacendados e industriales de Aveyron, temerosos de quedarse sin mano de obra, lanzaron una violenta campaña de prensa para atemorizar a los candidatos a emigrar. La Argentina —decían— era un país estéril recorrido por hordas de bandoleros, indios asesinos y caníbales (¿premonitorio del episodio de los turcos?), animales feroces y serpientes gigantescas. Cabanettes quería venderlos como esclavos.

El gestor, con buena labia, la promesa de que se harían ricos, un convite generoso en un hotel y los títulos de propiedad en la mano, confundió a los calumniadores y disipó las dudas. A fines de 1884 se embarcaron cuarenta familias en el puerto de Burdeos sobre un navío asmático, el Belgrano. Llegaron a Pigüé en diciembre, a tiempo para celebrar la misa de Navidad.

No hubo otros colonos que hayan encarado la siembra y la crianza de animales con tanta prodigalidad y espíritu de apostadores. ¿Qué mejor manera de saber lo que la tierra da, que enterrar en ella una semilla? En febrero cada hectárea estaba cubierta de legumbres, repollos, nabos, ajos, coliflores, perejil, espinacas y zanahorias. Enseguida plantaron trigo, avena y cebada, forrajes artificiales, papa, lino, cepas de viñas, frutales, pepinos, melones y sandías. Pusieron álamos, acacias y sauces. Con estupor vieron morir las higueras, membrillos y nogales, los damascos, perales y durazneros; en cambio descubrieron que, si se los protegía con cortinas de eucaliptos, prosperaban los cerezos. Mala la cosecha de maíz, pero aceptables las de cebolla y remolacha. Con los animales hicieron lo mismo: de la vaca al pollo, de todo criaron.

Con tan variadas apuestas, calibraron rápidamente las posibilidades de la tierra; sus cultivos sortearon las heladas tardías o precoces, y sobrevivieron a tormentas de granizo que descargaban piedras grandes como huevos. Los ciervos, gamos y liebres que tanto abundaban en la sierra de Cura Malal acabaron guisados a la manera francesa; sabio recurso para controlar una plaga que les destruía los sembrados.

Los franceses comprendieron pronto que el trigo era la base de su economía; y la papa, de su alimentación. Para defenderlos de las inclemencias crearon la primera cooperativa aseguradora del país, "El progreso agrícola", en 1898. Estaba escrito que sería una zona rica y lo fue. De hecho, estos colonos llegaron en condiciones más resguardadas. El agro no tardó en modernizarse. En pocos años las instituciones hicieron de Pigüé un pueblo *comme il faut*.

Cuando en 1886 se dispuso el trazado de la ciudad, la calle

principal era una vaga línea de yuyos. Al transformarse en camino de tierra, se descubrió que el chaparrón más insignificante la convertía en un lodazal, o bañado, o pantano barroso, según se mire. Las lluvias de otoño y los desbordes del arroyo inundaban el interior de las casas y ocultaban los pozos callejeros donde se incrustaban los sulkys. Los vecinos denunciaban ácidamente que "en las noches sin luna Pigüé es una verdadera trampa donde los paseantes se caen y se rompen la nariz". La situación era vergonzosa para un pueblo que aspiraba a convertirse en civilizado trabajando como un panal bajo la consigna del progreso. Al no poder echarle la culpa al cielo, los célebres lodazales se atribuyeron a la negligente administración municipal.

Como en todo pueblo chico, los problemas tomaron dimensión política. El pequeño diario opositor *El Independiente* le confería carácter de sabotaje a la laguna que se formaba en su vereda. Y protestaba: "Con las últimas lluvias, que dicho sea de paso fueron muy útiles para nuestros agricultores, el pantano elástico que se agranda frente al asiento del diario ha extendido su superficie. ¿Cuánto apuesta usted que no se arreglará hasta que no llege a las puertas mismas de la intendencia?"

El pantano llegó hasta las puertas mismas de la intendencia. No desapareció hasta 1930 en que se colocaron los primeros adoquines en la avenida, y habría que esperar a 1952 para que el colector de aguas pluviales pusiera fin a las inundaciones.

Pero no eran los cráteres callejeros el único peligro de la comuna. Abundaban las denuncias por robos de ganado. El alcoholismo, sumado a una extravagante piromanía, provocó frecuentes incendios de campos.

La delincuencia más pintoresca fue la mendicidad abusiva, que se abatió sobre Pigüé como una plaga. Según la pluma incisiva de *El Independiente* los mendigos estaban transformando al pueblo en una corte de los milagros: "Nos tomamos el trabajo de verificar si todos los mendigos que invaden nuestras casas como langostas son realmente necesitados. Nuestras sospechas han sido confirmadas. Encontramos ciegos cuya vista era excelente, mancos cuyo brazo estaba disimulado bajo la ropa y rengos circunstanciales. Las familias deben cuidarse de no ser engañadas por estos parásitos que explotan los sentimientos caritativos para enriquecerse y vivir sin trabajar". El afán investigativo del periódico llega más lejos. Detecta que esta ola de mendicidad fraudulenta ha sido cuidadosamente orquestada por individuos de una misma nacionalidad, pero no dice cuál. Sin embargo, sus atentos lectores descubren el misterio entre líneas: se está en presencia de un vasto complot dirigido desde el extranjero, donde se cree reconocer la mano de la poderosa mafia siciliana. La conclusión, tan falsa como inocente, no revela más que xenofobia y complejo de inferioridad de pueblo chico. ¿Cómo no fantasear con una red tentacular en un sitio donde la noticia policial más fulgurante no pasaba del ámbito de la cocina?: "Le robaron a Juan Brumana una cierta suma de dinero que guardaba dentro de su armario. La pesquisa está orientada hacia el supuesto autor del robo".

Los ciudadanos honorables que claman por la higiene moral de Pigüé apartan la vista, sin embargo, ante otro típico fenómeno pueblerino: la casa de tolerancia. Los policías de la campaña allanan un cabaret cuya "consejera" parece ser una tal Carmen Navarro; allí funciona "un alegre bailable iluminado por un candil frecuentado por individuos de aspecto sospechoso". El establecimiento parece reservado a los marginados, a la canalla, sin riesgo de propagación. Aunque en 1895 las crónicas registran la existencia de otro lupanar más discreto y reconocido a cargo del señor y la señora Máspoli. La casa Máspoli, de persianas cerradas, satisface los instintos de gente insospechable y es más conocida que la panadería. Por frecuentarlo, muchos hombres se exponen a escándalos domésticos descubiertos a través de panfletos anónimos. Estas cartitas difamatorias circulan con liberalidad, saciando seguramente venganzas personales. Ni los parroquianos de la casa ni las señoras casadas ni la prensa mencionan el establecimiento, pero los anónimos desempolvan la hipocresía y echan un poco de pimienta escabrosa sobre la vida monótona.

Una vez terminada la semana laboral, el pequeño pueblo se

entregaba a desbordes ruidosos. Los domingos eran días de grescas; las tabernas, el teatro de las peleas —muy raramente de duelos— que se arreglaban a cuchillo o a sopapos; los motivos: deudas, cuestiones de honra o simple mal humor.

"En el despacho de bebidas de Tamalet, Silveiro Frustieri se divertía bailando al compás de sus propias canciones, lo que no complació a Victor Vergnes que se levantó de la mesa y atacó al cantor a golpes, hiriéndolo en la región frontal derecha."

"Un individuo, cuya identidad no se ha podido establecer, se encontraba el domingo por la mañana en el despacho de bebidas de Amans Verdier y jugaba con un perro que se encontraba allí. Queriendo sin duda hacer una broma de mal gusto, sacó un cuchillo y apuñaló al perro. Esto no agradó al patrón del establecimiento que llamó a la policía."

La serenidad del duelo a cuchillo, su vistosa dramaticidad, su arte, estaba lejos de esos franceses. Tampoco fue práctica en las otras colonias de inmigrantes. Gesto criollo por excelencia, de gauchos y compadres, cargaba un sentimiento fatal que no compartían los recién llegados, empeñados en sobrevivir.

Pigüé tampoco proporcionó a la epopeya heroicos encuentros con armas de fuego. La crónica policial describe el encuentro de dos que, frente a frente, descargaron sus revólveres uno sobre el cuerpo del otro. El primero disparó cinco tiros e hirió al otro en la tibia; el segundo disparó tres e hirió a su contrincante en el antebrazo. Los tiradores no daban para filmar un western pampeano.

Otras fuerzas oscuras sobrevolaban el pueblo, y en esto tampoco fue excepción. Eran las de la milagrería y la videncia. El juicio civilizado, la fe en la máquina, la apuesta a la luz del progreso que iba a acabar con la superchería, rebota en la campaña donde proliferan los curanderos.

En 1901 Pigüé recibe la visita de dos discípulos del asceta

Pancho Sierra. Dicen que están habitados por el espíritu del maestro, que los ayuda a curar toda clase de enfermedades administrando al enfermo agua fría o tocándolo simplemente con la mano. Ellos quieren fundar en Pigüé una "Sociedad Pancho Sierra" a imagen de la que ya existe en Coronel Suárez. Desde las columnas de "El Independiente" se ridiculiza a estos santones, poniendo en guardia a los espíritus simples contra sus maniobras: "Aconsejamos a los obreros no adherir a tales sociedades que están fundadas en falsos principios y no creer en las tilinguerías de estos sedicientes médicos que curan con agua fría".

Sin embargo, estas advertencias no le impiden al diario insertar en sus páginas publicidad sospechosa. Como por ejemplo, la que proclama los méritos de una tal Madame Julia, venida de Buenos Aires, experta en ciencias proféticas, líneas de las manos y juegos de cartas. La dama, según el diario, predice de manera infalible el pasado, el futuro y el presente: "pronósticos serios y eficaces, ensayad, seréis convencidos". Del mismo modo exalta las dotes milagrosas de Eulalia Chabran, que cura todas las dolencias gracias a su Bola Hipnótica.

A pesar de los quiromantes, las mujeres-de-toda-laya, los mendigos y los francmasones, Pigüé crece con una vida social y cultural aceptable que se expresa en bibliotecas, escuelas, fiestas deportivas y una afición a la poesía que florece en primavera. Para esa época del año el diario publica versos encendidos, anónimos intercambios entre ellos y ellas. Ejemplo: *Flor de los Alpes* responde a un soneto escrito por *La sombra* con otro de su autoría intitulado "Corona de azahar".

Y así pasan los días…

Las niñas asistían a la escuela en mayor número que los varones; en un pensionado de hermanas se les enseñaba francés. Aun entrado este siglo, el francés seguía siendo de uso común. En este idioma se escribían los letreros de los negocios y parte de los diarios. Todo lo que tuviera procedencia francesa era garantía de calidad y éxito. La lengua fue un elemento de cohesión importante en la pequeña villa, que hasta tuvo un agente consular para mantener lazos permanentes entre los pigüenses y su país de origen. En francés se publicaban reflexiones como ésta: "A los hijos de Francia diseminados en la vasta soledad de la pampa, les recordaré que más allá de las planicies inmensas y de los mares profundos hay una patria donde pasaron los días felices de su infancia y donde viven tantos seres queridos a la espera de su regreso".

La campaña en pro de la vida intelectual se inició con una idea tan original como sensata: la de hacer una biblioteca-restaurante a la manera de otra existente en París, capaz de armonizar la cultura con la sobriedad gastronómica. Por un precio módico se intentaba satisfacer el apetito humano y alejarlo del cabaret y del ajenjo: "La lectura es un pasatiempo honesto que protege de la tentación de otros placeres cuyas consecuencias son a veces fatales", decía el diario, conociendo al pueblo.

Una muestra de la prosperidad de la colonia fue el hecho de que a principios de siglo casi no había ya en Pigüé campos para la venta. Las familias comenzaron a adquirir tierras en los departamentos vecinos de Guaminí, Tornquist y Puan.

Mientras tanto la villa ofrecía varios almacenes de ramos generales y el local de Agustín Pouey donde funcionaba un *restaurant français* junto al *salon de coiffure*. Resulta curioso pensar que al lado de la casa Brumana, donde se vendían potros, burros y caballos, se levantaba también la primera *boutique* con surtidas elegancias. La zapatería confeccionaba a medida artículos en becerro, cabra y tafilete garantido de Francia. Las costureras de la villa cortaban telas francesas o inglesas según diseños inspirados en París. Un reloj Longines costaba lo mismo que una bicicleta o tres vacas.

La zona también estaba ocupada por activos inmigrantes italianos y españoles, pero la villa traspiraba francés. De Francia eran los maestros, los farmacéuticos, las parteras más confiables; el vino que servía el señor Pouey y algunas semillas de huerta muy preciadas. En 1902 la sociedad organiza una colecta para socorrer a las víctimas de la erupción del volcán de Martinica, colonia francesa; con la colectividad italiana celebran la visita del presidente Roubet a Roma.

Las primeras fiestas en tierra argentina fueron íntimas veladas familiares. Veinte años después, las reuniones desbordan el ámbito familiar para extenderse a la comunidad y adquieren formas más ambiciosas. Tanto el Carnaval como el 14 de Julio se presentan en épocas de pausa en los trabajos agrícolas de modo que el pueblo se entrega en cuerpo y alma a los festejos. La co-

Una demografía loca

•••••• *La natalidad de la colonia pigüense fue muy alta en su primer cuarto de siglo, tanto como la desproporción numérica entre varones y mujeres; por lo que cabe imaginar a éstas en estado de embarazo perpetuo. A principios de siglo llegaron dos nuevas parteras, que en ese entonces atendían a domicilio. La mayor cantidad de partos se registran en mujeres de entre quince y veinte años; pero seguían procreando hasta el fin de su fecundidad natural. Brindamos algunas cifras, ya que a la vez son ilustrativas de lo que ocurrió entre otros grupos de inmigrantes. En 1895, en todo el departamento de Saavedra, cuyo orgullo era Pigüé, los menores de catorce años constituyen el 37% de la población. En Pigüé mismo, el registro de 1901 da 184 nacimientos por 35 casamientos y 75 defunciones. Aunque importantes por sí mismos, estos datos resultan más llamativos si se tiene en cuenta la repartición por sexos:*

Hombres	*2606*	*Mujeres*	*1233*
Hombres casados	*840 (32,20%)*	*Mujeres casadas*	*804(65,40%)*
Hombres casaderos	*1792 (66%)*	*Mujeres casaderas*	*416(33,70%)*
Indeterminados	*44*	*Indeterminadas*	*13*

•••••• *Había una mujer para más de cuatro hombres.*

misión organizadora recoge fondos entre las familias destacadas, que rivalizan en generosidad tratando de emular los donativos de sus vecinos. En temporada las instituciones organizan bailes a los que se entra por invitación y pagando. El programa de danzas —veinte o veinticuatro piezas— se anuncia con la debida antelación a través de los diarios. Las jóvenes tienen un carnet donde anotan el nombre del *partenaire* de turno. En 1901 ya no se baila más con las figuras traídas del terruño natal. La moda es entonces el vals, la mazurca, la polca, el *scottish*, los lanceros y el *pas de quatre*. Menos de diez años después, cuando Pigüé ya está abierta a la sociedad argentina, se introduce por primera vez una danza canalla traída de Buenos Aires: el tango.

En julio de 1911, en vísperas de los festejos de la toma de la Bastilla, en una velada poético-musical se premia un poema que hace llorar a los viejos de Aveyron. En buenos y sólidos versos franceses, el país natal revive ante ellos:

> "Qué placer el nombrar, siguiendo tus riberas,
> tus golfos y tus cabos igual que un marinero.
> He aquí la Normandía y sus sombras sonrientes
> y allá ved la Bretaña en guerra con el mar;
> qué bienes, qué tesoros enriquecen sus costas,
> la viña, en filas prietas eriza la colina.
> El Norte, sus manzanos, el Midi sus olivos
> y bajo el verde surco duerme el duro metal."

En 1858 los pagos de Pigüé presenciaron el durísimo combate en el que Calfucurá, cacique general de las pampas, mantuvo a raya a las tropas del ejército regular. Esta zona del sudoeste bonaerense y la actual provincia de La Pampa, donde se instalaron los franceses y los primeros alemanes, fue el escenario de las batallas más rudas libradas en la frontera. Durante los años '70 los combates se multiplican. Namuncurá, Catriel, Pincén y Abilaquén Curá, herederos del célebre Calfucurá, ven agonizar su causa en los encuentros de Sauce Corto en 1875 y Cura Malal, en 1877. Dos años después las armas de Roca libran en estos pagos los combates definitivos.

Resulta difícil anudar estos episodios con el éxodo de un grupo de alemanes que vivían en Rusia en ambas márgenes del Volga. Estos inmigrantes, llamados por la causa civilizadora que acababa de triunfar, emigraban de un imperio que a su vez los había convocado un siglo atrás.

En 1762 Catalina la Grande abrió las fronteras de Rusia y ofreció a los colonos de Europa tierras, franquicias tributarias y la exención del servicio militar. De ese modo llegaron los agricultores alemanes. Pero en 1860 el nuevo zar los obligó a enrolarse. Este hecho, sumado al continuo hostigamiento de las tribus nómades, los induce a una nueva migración. Algunos se dirigen al sur del Brasil. Otros inician tratativas con el entonces ministro del interior, Bernardo de Irigoyen, y recalan en el país.

El contrato se concretó rápidamente, y en 1878 llegaron 1.100 campesinos. Un grupo se estableció en Entre Ríos, en colonias agrícolas como Santa María, Santa Cruz y San Francisco; eran católicos, aunque también hubo un asentamiento evangélico que se llamó Aldea Protestante. El otro grupo se asentó en el sur de la provincia de Buenos Aires con centro en Coronel Suárez, estableciendo el pueblo de Hinojo, que pronto se transformó en zona de irradiación de una activa labor colonizadora de vastos alcances económicos. La llegada de nuevos inmigrantes multiplicó estas colonias. La mayoría llevaba nombres de santos.

Las tierras de Pincén, todavía amenazantes para cualquier blanco, habrán resultado un paraíso para estos alemanes. En las riberas del Volga quedaban la nieve que entorpecía los cultivos durante la mitad del año, las manadas de lobos hambrientos que diezmaban los rodeos, los osos blancos y las bandas de cosacos, calmucos, kirguises y tártaros que caían por asalto sobre las aldeas. De eso acá no había: pero perduraba el miedo.

Los primeros afincados temían al Schwartzer (negro) y al Spanier (español) en quienes las madres veían la encarnación del cosaco desalmado, que no pocas veces robaba niños para venderlos como esclavos en los mercados de China y Mongolia. Cuando un paisano se acercaba a la casa en ausencia del marido, ellas susurraban *"Ihr Kinder, under des Bett"* ("Niños, bajo la cama") convencidas de que el criollo les arrebataría a sus hijos.

Por esos miedos ancestrales fue que los alemanes reprodujeron en la pampa el trazado de sus aldeas rusas: una sola calle principal dividida en su mitad por otra, hacia la que convergían todas las casas. Simple táctica defensiva.

La primera cervecería

••••••

"En 1851 llegó a Buenos Aires un alsaciano, cervecero de Barr, poblado cercano a Estrasburgo. Se identificó ante las autoridades aduaneras como Emilio Bieckert. En febrero de 1860, en una casona ubicada frente a la iglesia de Balvanera, comenzó a producir cerveza. Su éxito fue rotundo y el negocio se amplió. Diez años más tarde instaló el primer gran recreo de Buenos Aires en las inmediaciones del Bajo Retiro. Allí se expendía cerveza, que llegaba también a las célebres pulperías de San José de Flores, Barracas y San Isidro Labrador, e incluso a las casas paquetas, como la de los Alvear. Él importó al país los primeros caballos percherones, a los que paseaba por la calle Florida arrastrando enormes carretones cargados de barriles de cerveza. La chimenea de su cervecería era tan alta que figuraba en las cartas náuticas de la época para orientación de los navegantes del río de la Plata.

"Su espíritu emprendedor no terminó ahí. El hielo llegaba entonces a Buenos Aires como lastre de algunos barcos norteamericanos. Provenía del río Hudson. Se lo llamaba 'escarcha' y se vendía a precio de oro. Don Emilio Bieckert acabó con este negocio: trajo maquinaria de Europa e instaló aquí una fábrica de hielo."

••••••

(De *Presencia alemana y austríaca en la Argentina*, ediciones Manrique Zago.)

Por el mismo espíritu de conservación perpetuaron deportes donde se ponía a prueba la fuerza y la guapeza. Los deportes mostraron diferencias entre los grupos de inmigrantes; mientras que entre los británicos ya se habían convertido en ritos de elegancia y sagacidad, para otros todavía parecían ligados a tácticas de supervivencia. Los alemanes jugaban a voltearse sentados en el suelo frente a frente, sujetos a un palo; cada uno se esforzaba por apoyar la espalda obligando al contrincante a doblar el cuerpo hacia adelante. O bien el juego era tumbarse, tomados de la cintura del oponente. La pulseada tuvo entre ellos cultores invencibles. Aunque no imitaron las diversiones de sus antiguos vecinos rusos, algunos sabían saltar y girar sobre un solo pie como auténticos cosacos.

Lamentablemente se han perdido los "libros de familia" en los que cada una llevaba notas comentadas de los pequeños sucesos cotidianos. Pero se sabe de esos alemanes que eran profundamente devotos, hacían vida comunitaria bajo la tutela del sacerdote o el pastor protestante y la vida doméstica descansaba sobre la autoridad paterna. Los memoriosos registran en este sentido anécdotas inocentes:

Cuando un padre de familia quería saber si su hijo menor se había portado bien en la misa del domingo, le preguntaba: "Dime, Juan, ¿estaba tu hermano en el coro?" (El coro estaba arriba y atrás; allá iban los jóvenes.) El chico respondía: "Sí, papá", "¿Y cómo lo sabes, si en la iglesia no hay que dar vuelta la cara ni distraerse?" Entonces el padre lo reprendía por faltarle el respeto a Dios.

En general fueron comunidades cerradas que conservaron largo tiempo su identidad, tal como lo habían hecho en Rusia. Estos "dobles" inmigrantes venían de un largo adiestramiento en preservar su idioma y costumbres. Al ferrocarril lo miraban con desconfianza, como un accidente perturbador; él transportaba las novedades de los pueblos, capaces de pervertir a los jóvenes.

Cuando, a partir de Hinojos, se internaron hacia el sur y se les ofreció instalarse en Coronel Suárez, rechazaron la idea de vivir en un centro poblado a la vera del ferrocarril y decidieron hacerlo en forma aislada fundando nuevas colonias.

Mientras sus vecinos franceses aspiraban con fruición las débiles brisas parisienses que llegaban a estos pagos, los alemanes-rusos cosían sus propias prendas, amasaban su pan y fruncían el ceño ante las frivolidades del progreso. Pero en cuanto al progreso entendido en términos económicos, fueron piezas importantísimas. Su conocida habilidad para desbravar tierras incultas hizo que se los disputaran los gobiernos de Brasil y Argentina. También ellos formaron parte del proyecto que hizo a la Argentina el granero del mundo.

La inmigración ruso-alemana del Volga se mantuvo hasta la Primera Guerra Mundial. Crespo en Entre Ríos y Coronel Suárez en Buenos Aires fueron los centros de colonización más destacados. Hoy sus descendientes están diseminados por todas las provincias; la prole numerosa y las sucesivas divisiones de la tierra los obligaron a abandonar los sitios primitivos y dedicarse a otros oficios.

Los límites de este trabajo nos fuerzan a cerrar apenas el

En la nieve, con esquíes

•••••• *La fundación de San Carlos de Bariloche se debe a un pionero alemán, Carlos Wiederhold, que se estableció allí en 1895. Austríacos, suizos y alemanes fueron los primitivos pobladores que dieron impulso a la región. Otto Mülenfordt, ingeniero alemán que construyó los primeros barcos que navegaron el lago Nahuel Huapi, fabricó en 1894 con madera de ciprés los primeros esquíes. Aunque algunos pobladores ya los usaban para trasladarse en invierno, a partir de ese momento se comercializaron para el gran público.* ••••••

primer capítulo en la historia de la inmigración alemana, ya que su importancia se acrecentó en este siglo con el arribo de los que dejaron Europa a raíz de las dos guerras. No sólo llegó a ser considerable numéricamente, sino una de las más activas en cuanto a emprendimientos industriales y quehacer cultural.

Qué nos dejaron

•••

En medio siglo el país recibió casi tres millones de extranjeros. Las comunidades fueron muy variadas. El haber desplegado en este trabajo sólo las más numerosas o pintorescas no nos exime de mencionar otras cuya importancia varió con el correr de las décadas. Con el nacimiento de este siglo había aquí holandeses, portugueses, dinamarqueses, norteamericanos, griegos, suecos y otros que por desprolijidad de las aduanas y los censos no entraron en la clasificación.

Se sabe que los primeros holandeses se establecieron aquí en 1889. Familias campesinas provenientes de Frigia y Groninga se radicaron en Tres Arroyos en campos vecinos a la estación de Micaela Cascallares para extenderse luego hacia otros puntos del partido y también —en especial los llegados entre 1924 y 25— hacia tierras que hoy corresponden a San Cayetano. Dispersos por la campaña, nunca integraron grupos compactos. Hoy el 75% de la producción láctea de Tres Arroyos está en manos de sus descendientes.

Los portugueses que —exceptuando a los españoles— eran

mayoría antes de 1816, siguieron llegando en flujo ininterrumpido a lo largo de todo el siglo XIX. Una proporción importante se estableció en el interior del país; pero Buenos Aires —ciudad y provincia— fue el principal lugar de asentamiento. Al promediar el siglo ya eran muchos los hombres llegados de Lisboa, Oporto y regiones costeras de Portugal, que se concentraban particularmente en las parroquias del sur desplegando múltiples ocupaciones, pero principalmente las navales: marineros, estibadores, changadores. En el '70 comenzaron a nuclearse y organizarse étnicamente, y su vida comunitaria (mutual, club, periódico) se hará más activa en las décadas siguientes. En Salliqueló llegó a formarse un grupo importante a partir de un asentamiento de 1905.

No hace falta trepar alto en el árbol genealógico para encontrar al inmigrante responsable de nuestra existencia, ni tampoco escarbar mucho para dar con nuestras raíces en el libro parroquial de un pueblo europeo de nombre borroso. En ningún caso estos ejercicios nos llevan lejos. La diferencia entre un apellido de prosapia y otro silvestre es apenas dos o tres generaciones de inmigrantes y la buena fortuna en los negocios. Vale la frase del escritor Carlos Fuentes: "Los mejicanos descendemos de los aztecas, los peruanos de los incas y los argentinos de los barcos". El tema de la identidad, el quiénes somos, la conformación de nuestra cultura, habrá que discutirlo definitivamente a partir de la diversidad. No hay un solo aspecto de la vida argentina, de los considerados más genuinos, en los que no haya dejado su impronta el inmigrante.

Los primeros tangos eran azarzuelados, con aire de género chico español; los autores, compositores y cantantes que lo animaron durante décadas, desde Contursi a Manzi, Gardel y Discépolo, hijos de inmigrantes.

En el origen de nuestro teatro, lo más representativo, que fue el sainete, reflejó esta auténtica feria de naciones. El lenguaje popular se alimentó de vocablos y giros tomados de paladares foráneos. Eran de origen italiano los primeros payadores y verseadores, autores y editores de folletería gauchesca. El bandoneón se lo debemos a Heinrich Band, de la ciudad de Krefeld, y llegó el siglo pasado entre las manos de los marineros.

En deportes, ellos se trajeron el "tiro al segno" y la "pelota baska". El fútbol comenzó siendo un deporte de colegios ingleses pero ya nadie lo registra cuando dice "orsái". La mitad más uno del país es "xeneise".

Es un alemán, Josef Fucks, el que en 1906 descubre petróleo en Comodoro Rivadavia mientras buscaba agua potable. Era alemana la empresa que en 1936 construyó el obelisco de Buenos Aires y fueron alemanes los primeros que ensayaron el cultivo sistemático de la vid en Mendoza; como italianos los bodegueros tradicionales: Gargantini, Furlotti, Graffigna, en tanto Balbino Arizu era navarro.

Al ímpetu industrioso de los inmigrantes les debemos el yogur Kasdorf, el azúcar Hileret, los bizcochos Canale y Terrabussi, los mocasines Cappozzo.

El primer automóvil fabricado en la Argentina en 1907 fue obra de un pontevedrés, Manuel Iglesias. La primera filmación, titulada "La bandera argentina", la llevó a cabo en Buenos Aires un fotógrafo francés: Eugenio Py. Y fue un italiano nacido en Apulia, Mario Gallo, quien filmó la primera película nacional, "El fusilamiento de Dorrego".

Un suizo artesano de oficio, Nicolás Schneider, inventó el arado de dos rejas, que se llamó "esperanza" y fue utilizado luego por todos los colonos del país. De cosecha suiza fue el primer trigo que se exportó a Europa en 1878. A un orfebre y medallista siciliano, Pablo Cataldi, se le debe el primer ordeñador mecánico en 1869, en una estancia del general Urquiza. A los ingleses les debemos el ancho de trocha de nuestros ferrocarriles —el mismo que usaban en sus colonias— y la torre con reloj que se levanta en Retiro, regalo que nos hicieron para el Centenario en vano intento de que aprendiéramos a ser puntuales.

Los inmigrantes introdujeron el hábito del ahorro y del trabajo sistemático, los principios socialistas, las organizaciones obreras. Con los inmigrantes se perdió la tranquilidad siestera de las ciudades provincianas; y nacieron, además de la clase media, los primeros hacinamientos urbanos.

Por ellos tenemos una toponimia enrevesada que nos obliga a evocar a Suiza en Santa Fe y a Gales en la Patagonia.

Ellos nos descubrieron el gusto por la lírica, la decoración profusa, los folletines lacrimosos, el crochet, las nanas en idiomas de Europa; el hábito de comer *panettone* en Navidad, la pizza, los helados, el café a la turca, los *knishes*, el *baklavá*.

Este libro es apenas una invitación para seguir enumerando.

Leyes y política inmigratoria

A comienzos de la década de 1820, durante el gobierno de Rivadavia, se realizaron contrataciones para transportar al país familias europeas con el fin de establecer colonias agrícolas.

En 1824 se creó la Comisión de Inmigración que instaló agencias en Inglaterra, Alemania, Francia y Holanda. De su reglamento va a surgir la legislación relacionada con el llamado de inmigrantes. Esta comisión fue disuelta por el gobierno el 20 de agosto de 1830.

La Constitución de 1853 estableció los derechos y garantías de los extranjeros y convocó expresamente a los inmigrantes europeos. (Véase pág. 19.)

El 26 de setiembre de 1854 la Legislatura de Buenos Aires sancionó una ley que establecía la jurisdicción de los jueces de paz encargados de intervenir en los problemas relacionados con los inmigrantes que arribaran al país.

En 1857 se alquiló un local para ser utilizado como asilo de inmigrantes.

En 1868 se creó la Comisión Central de Inmigración que al

año siguiente pasó a depender del gobierno nacional. Funcionó hasta 1874; pero desde 1970 actuaron comisiones en distintas ciudades del interior con el objeto de promover la inmigración en sus territorios.

La ley 346, de 1869, sobre ciudadanía mantuvo el criterio de la Constitución del '53. Distingue la ciudadanía por nacimiento, por opción o por naturalización. La primera se refiere a quienes nacen en territorio argentino o bajo soberanía argentina. La segunda, a los hijos de argentinos nacidos en el extranjero que opten por la ciudadanía de origen. La tercera, a los extranjeros que reúnan determinadas condiciones: antigüedad de residencia, servicios prestados a la República, etcétera.

En 1872 se creó la Oficina de Trabajo como dependencia de la Comisión Central de Inmigración. Se ocupaba de colocar a jornaleros y empleadas domésticas en la Capital y luego en el interior. No resultó demasiado eficiente, ya que actuó a través de reparticiones atendidas en forma inadecuada, sin personal responsable.

En 1876 se sancionó la ley 817, conocida como "ley Avellaneda", que pretendió ser un intento de regulación de todo lo relativo al tema. Estaba dividida en dos partes; la primera, referida a la inmigración propiamente dicha; y la segunda, a la colonización.

Todo lo puesto en práctica en política inmigratoria fue sistematizado en el primer tramo; tal lo referido al arribo, alojamiento y traslado del inmigrante a su lugar de destino definitivo, para lo cual se contaba con los organismos ya existentes. La ley determinó las atribuciones y funciones del flamante Departamento General de Inmigración, que sustituyó a la vieja Comisión clausurada en 1874.

El segundo tramo de la ley se dividió en siete capítulos. Uno de ellos estableció la creación de un organismo, la Oficina de Tierras y Colonias, a través del cual el Estado fijaría su política. En el segundo capítulo dispuso la exploración de los territorios, a la vez que estableció la exploración agronómica antes de realizarse la subdivisión y marcado del terreno, lo que permitía a los futuros colonos conocer con anterioridad la calidad y ubicación del mismo. Fijó las medidas de cada lote y el espacio reservado para los pobladores, especificando la disposición de las calles y caminos y la división de las manzanas. En el tercer capítulo encargaba al Poder Ejecutivo que definiera cuáles serían las tierras destinadas a la colonización, tratando de que las mismas estuvieran próximas a lugares poblados o de fácil acceso.

Promocionaba la entrega de 100 hectáreas gratis a las primeras cien familias y establecía una serie de obligaciones para los futuros adquirentes a quienes se les entregaría la propiedad de sus lotes, cumplidas las mismas y tras abonar las cuotas a razón de $2 la hectárea. Se destinaban también terrenos a ser ocupados por empresas particulares, por reducciones indígenas o dedicadas al pastoreo. Se dictaban a su vez las normas que regirían la ocupación por parte de sociedades encargadas de la colonización.

De los varios tipos de colonización dispuestos por la ley (directa del Estado, indirecta a través de particulares, en forma de empresas o individualmente, por medio de los gobiernos provinciales o de particulares auspiciados por los gobiernos), la colonización de empresas privadas fue la que llevó al fracaso de la ley. La entrega excesiva de tierras, que alcanzó los 15.000.000 de hectáreas a repartir entre 254 concesiones ocasionó alarma e hizo que se suspendieran los trámites de nuevos pedidos. Se venía produciendo una reciente especulación sobre el valor de las tierras, sumada al incumplimiento de las obligaciones por parte de los agentes. Esto se intentó regularizar mediante el decreto de 1891 que suspendía la enajenación de los predios hasta tanto se dictara una ley general.

La "ley Avellaneda" se derogó en 1902 en lo que hace a colonización; pero para entonces ya había grandes extensiones de tierras en manos de un reducido grupo de personas.

•A principios de siglo el socialismo y el radicalismo propiciaron leyes sociales y previsionales que favorecieron directa-

1877 - 1897
Nacionalidad de los inmigrantes de Ultramar

Años	Italia	España	Francia	Gran Bretaña	Austria	Suiza	Alemania	Bélgica	Rusia	Holanda	Portugal	Dinamarca	Norte América	Suecia	Varias	Total
1877	7,556	2,700	1,996	808	57	340	303	83							832	14,675
1878	13,514	3,371	2,025	789	901	533	387	75							2,029	23,624
1879	22,774	3,422	2,149	783	1,760	717	490	78							544	32,717
1880	18,416	3,112	2,175	588	879	581	445	57							290	26,643
1881	20,506	3,444	3,612	1,149	490	635	591	140	22	25	98	31	81	23	584	31,431
1882	29,587	3,520	3,382	826	672	943	1,128	183	26	5	108	11	226	16	408	41,041
1883	37,043	5,023	4,286	891	1,056	1,293	1,388	383	28	9	136	37	103	41	755	52,472
1884	31,983	6,832	4,731	1,021	1,329	1,359	1,261	175	13	40	182	45	75	24	553	49,623
1885	63,501	4,314	4,752	1,104	1,982	1,094	1,546	973	31	34	374	36	104	33	741	80,618
1886	43,328	9,895	4,662	1,682	1,015	1,284	1,131	479	918	48	153	152	171	53	684	65,655
1887	67,139	15,618	7,036	1,038	2,498	1,420	1,333	839	955	67	331	165	98	94	267	98,898
1888	75,029	25,485	17,105	1,426	2,333	1,479	1,536	3,201	512	68	209	226	119	60	1,483	130,271
1889	88,647	71,151	27,173	5,967	4,225	1,571	2,599	8,666	1,332	4,007	160	394	117	269	2,466	218,744
1890	39,122	13,560	17,104	1,108	1,918	959	1,271	762	318	395	119	375	106	126	572	77,815
1891	15,511	4,290	2,915	272	263	352	832	241	2,953	4	44	101	51	31	406	28,266
1892	27,850	5,650	2,115	224	552	364	785	146	1,623	26	93	61	60	8	416	39,973
1893	37,977	7,100	2,612	273	685	546	748	233	966	27	192	99	72	38	499	52,067
1894	37,699	8,122	2,107	385	440	516	971	248	3,132	18	200	99	79	42	662	54,720
1895	41,203	11,288	2,448	329	549	465	1,067	211	2,336	36	178	115	46	62	893	61,226
1896	75,204	18,051	3,486	429	963	679	1,032	318	575	61	219	126	79	52	1,399	102,673
1897	44,678	18,316	2,835	562	1,768	390	987	207	617	31	195	111	94	42	2,145	72,978
	838,267	244,264	120,706	21,654	26,335	17,520	21,831	17,698	16,357	4,901	2,991	2,184	1,681	1,014	18,727	1.356,130

Fuente: *La inmigración europea en la República Argentina*, Juan A. Alsina, Buenos Aires, 1898.

mente a la masa de trabajadores compuesta mayoritariamente por inmigrantes, tales como la que reglamentó el trabajo de mujeres y niños en 1907, el descanso dominical para la Capital Federal en 1905, y la inembargabilidad de sueldos, pensiones y jubilaciones de 1914. Pero casi simultáneamente se crearon otras que afectaron a los inmigrantes que participaban activamente en la vida política.

•En 1902 se creó la "ley de Residencia", que autorizaba al Poder Ejecutivo a expulsar a los extranjeros cuya conducta hiciera peligrar el orden público.

•En 1910 se creó la "ley de Seguridad Social", que prohibía la entrada al país de anarquistas y otros activistas que de alguna manera atentaran contra las instituciones o sus representantes.

Bibliografía consultada

• Granara Insúa, Rubén: *La República de la Boca*, Editorial de La Boca del Riachuelo.

• Bion, Federico Guillermo: *De El Havre al Río de la Plata en 47 días, 21-11-1862 al 7-1-1863*, Colmegna, Santa Fe, 1974.

• Schobinger, Juan: *Inmigración y colonización suizas en la República Argentina*, Instituto de Cultura Suizo-Argentino, Publicación nº 1, Buenos Aires, 1957.

• *Los españoles en la Argentina*, Manrique Zago Ediciones, Buenos Aires, 1985.

• *La canzone napoletana*, Casa Editrice Roberto Napoleone, Roma, 1978.

• *La Casana*, Revista Trimestral de la Caja de Ahorro de Génova e Imperia, edición especial.

• *Colonia Caroya, cien años de historia*, Trabajo realizado en el Archivo de la Intervención en el Poder Legislativo bajo la dirección de la escribana Marta Núñez.

• Gilimón, Eduardo: *Un anarquista en Buenos Aires*, La historia popular 71, C.E.D.A.L.

• Jitrik, Noé: *La revolución del 90'*, La historia popular 6, C.E.D.A.L.

• Prieto, Adolfo: *El discurso criollista en la formación de la Argentina Moderna*, Editorial Sudamericana, Buenos Aires.

• Korol, Juan Carlos: *Cómo fue la inmigración irlandesa en la Argentina*, Editorial Plus Ultra, Buenos Aires, 1989.

• García Costa, Víctor: *Los ferrocarriles*, La historia popular 65, C.E.D.A.L.

• Jitrik, Noé: *El 80' y su mundo*, Editorial Jorge Alvarez S.A., Buenos Aires, 1968.

• Sábato, Hilda: *Capitalismo y ganadería en Buenos Aires, la fiebre del lanar*, Editorial Sudamericana.

• *Argentina, la otra patria de los italianos*, Manrique Zago Ediciones, Buenos Aires, 1983.

• Matthews, Abraham: *Crónica de la Colonia Galesa de la Patagonia*, Editorial El Regional, Rawson, 1985.

• *Los galeses en Chubut, fotografías*, Subsecretaría de Cultura y Educación de la provincia de Chubut, 1987.

• Crámer, Claudio E.: *Visión de la Patagonia*, La historia popular 12, C.E.D.A.L.

• Jones, Lewis: *La colonia galesa*, Editorial El Regional, Chubut, 1986.

• Zampini, Virgilio: *Chubut, breve historia de una provincia argentina*, Editorial El Regional, Chubut, 1979.

• Olgo Ochoa, Pedro: "Comiendo turcos", en *Todo es historia*, Buenos Aires, año 3, nº 35, marzo 1970.

• Tasso, Alberto: *Aventura, trabajo y poder. Sirios y libaneses en Santiago del Estero (1880-1980)*, Ediciones Índice, Buenos Aires, 1989.

• *Pioneros en la Argentina, los Inmigrantes Judíos*, Manrique Zago Ediciones, Buenos Aires, 1982.

• Sigwald Carioli, Susana: *Historias de barbas y caftanes*, Centro Cultural José Ingenieros, Archivo histórico Antonio Maya, Carlos Casares, 1976.

• Schlesinger, Erna C.: *Tradiciones y costumbres judías*, Editorial Israel, 1946.

• *Los averoneses en la Pampa*, edición en castellano del libro del mismo nombre editado por el Servicio de Publicaciones de la Universidad de Tolouse le Mirail, Buenos Aires, 1986.

• *Presencia Alemana y Austríaca en la Argentina*, Manrique Zago Ediciones, Buenos Aires, 1985.

• Goldar, Ernesto: *La mala vida*, La historia popular 20, C.E.D.A.L.

• Avni, Haim: *Argentina y la historia de la inmigración judía, 1810-1950*, Editorial Universitaria Magnes, Universidad Hebrea de Jerusalem, Buenos Aires, 1983.

• Senkman, Leonardo: *La colonización judía*, Centro Editor de América Latina, Buenos Aires, 1984.

• Lewin, Boleslao: *Cómo fue la inmigración judía en la Argentina*, Editorial Plus Ultra, Buenos Aires, 1983.

• Jozami, Gladys: "Aspectos demográficos y comportamiento espacial de los migrantes árabes en el NOA", *Estudios migratorios latinoamericanos*, 5/1987.

• Jiménez, Dora; García, Silvia y Varela, Carmen: "La inmigración italiana y española a través de las 'historias de vida' de sus protagonistas", *Cuadernos del Instituto Nacional de Antropología*, nº 9, Buenos Aires, 1979-1982.

• Beyhaut, Gustavo: "Los inmigrantes en el sistema ocupacional argentino", en *Argentina sociedad de masas*, Torcuato Di Tella, Buenos Aires, 1965.

• Cornblit, Oscar: "Inmigrantes y empresarios en la política Argentina" en *Los fragmentos del poder*, Editorial Alvarez, Buenos Aires, 1969.

• Kritz, Ernesto: "La formación de la fuerza de trabajo en la Argentina. 1869-1914", *Centro de estudios de población*, cuaderno nº 30, Buenos Aires, Octubre-1985.

• Marsal, Juan F.: *Hacer la América. Autobiografía de un inmigrante español*, Editorial del Instituto, Buenos Aires, 1969.

• Dendng, Nicolás; Popp, Víctor: *Los alemanes del Volga*, Gráfica Santo Domingo, Buenos Aires, 1977.

• Ferrari, Gustavo; Gallo Ezequiel, Compiladores: *La Argentina del '80 al Centenario*, Editorial Sudamericana, Buenos Aires, 1980.

• Korn, Francis, compiladora: *Los italianos en la Argentina.* Fundación Giovanni Agnelli, Buenos Aires, 1983.

• Sergi, Jorge F.: "Historia de los italianos en la Argentina", edición especial de *Il matino d'Italia*, Editora Italo-Argentina S.A., Buenos Aires, 1940.

• Devoto Fernando y Rossoli, Gianfausto: *La inmigración italiana en la Argentina*, Editorial Biblos, Buenos Aires, 1985.

• Ramos Mejía, José: *Las multitudes argentinas*, Editorial Kraft, Buenos Aires, 1952.

• Hernández, José: *Martín Fierro*, Editorial Sopena, Buenos Aires, 1956.

• Alvarez, José (Fray Mocho): *Salero criollo y cuentos*, Eudeba, Buenos Aires, 1968.

• Scobie, James R.: *Buenos Aires del centro a los barrios. 1870-1910*, Ediciones Solar, Buenos Aires, 1986.

• Primeras Jornadas de Historia de la ciudad de Buenos Aires: "La vivienda en Buenos Aires", Instituto histórico de la ciudad de Buenos Aires, 1985.

• Franzino, Emilio: *Merica! Merica!*, Feltrinelli Editore, Milano, 1979.

• Fernández, Alejandro: "El mutualismo español en Buenos Aires, 1890-1920. Un estudio de caso", en *Cuadernos de Historia Regional*, nº 8, Universidad Nacional de Luján, abril de 1987.

• Moreno, José Luis: "A propósito de los anarquistas italianos en la Argentina, 1880-1920", *Cuadernos de Historia Regional*, nº 4, diciembre 1985.

• Weyne, Olga: *El último puerto, del Rhin al Volga y del Volga al Plata*, Editorial Tesis, Instituto Torquato Di Tella, Buenos Aires, 1987.

• Hernández, José: "Instrucción del estanciero" en *Vida del Chacho y otros escritos*, cap. XVI, Biblioteca Argentina Fundamental CEDAL.

Indice

Esta edición de 3.000 ejemplares
se terminó de imprimir en
Indugraf S. A.,
Sánchez de Loria 2251, Bs. As.,
en el mes de agosto de 2000.

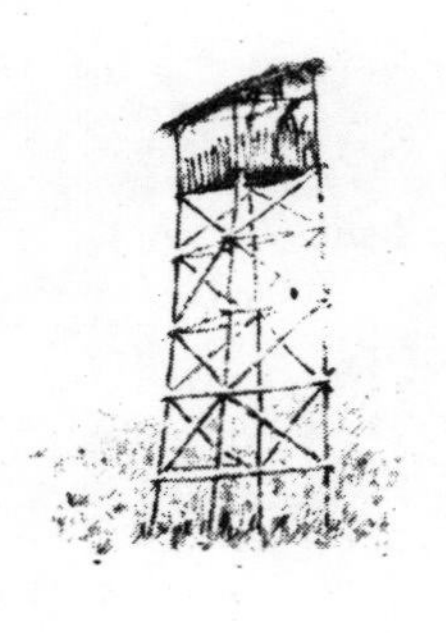